1913—1916

RETURN TO

LOULAN

主编：巫新华

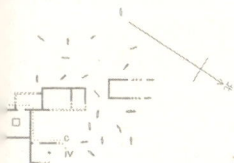

西域游历丛书

11

重返楼兰

SIR AUREL STEIN

[英] 奥雷尔·斯坦因 著

艾力江 秦立彦 译

GUANGXI NORMAL UNIVERSITY PRESS

广西师范大学出版社

·桂林·

重返楼兰
CHONGFAN LOULAN

图书在版编目（CIP）数据

重返楼兰 /（英）奥雷尔·斯坦因著；艾力江，
秦立彦译. —桂林：广西师范大学出版社，2020.6
（西域游历丛书）
ISBN 978-7-5598-0727-4

Ⅰ. ①重… Ⅱ. ①奥…②艾…③秦… Ⅲ. ①楼兰－
考古发现－研究－史料 Ⅳ. ①K878.45

中国版本图书馆 CIP 数据核字（2020）第 076323 号

广西师范大学出版社出版发行

（广西桂林市五里店路 9 号　邮政编码：541004）
（网址：http://www.bbtpress.com）
出版人：黄轩庄
全国新华书店经销
广西广大印务有限责任公司印刷
（桂林市临桂区秧塘工业园西城大道北侧广西师范大学出版社
集团有限公司创意产业园内　邮政编码：541199）
开本：787 mm × 1 092 mm　1/32
印张：9.5　字数：205 千
2020 年 6 月第 1 版　2020 年 6 月第 1 次印刷
印数：0 001~8 000 册　定价：56.00 元

如发现印装质量问题，影响阅读，请与出版社发行部门联系调换。

出版说明

  1900—1901年、1906—1908年、1913—1916年，英籍匈牙利人奥雷尔·斯坦因先后到我国新疆及河西地区进行探险考古，并先后出版了这三次探险考古报告：《古代和田——中国新疆考古发掘的详细报告》《西域考古图记》《亚洲腹地考古图记》。这三部著作是斯坦因的代表作，较全面地记述了我国新疆汉唐时期的遗迹和遗物，以及敦煌石窟宝藏与千佛洞佛教艺术，揭开了该地区古代文明面貌和中西文明交流融合的神秘面纱。此外，斯坦因还详细描述了深居亚洲腹地的中国新疆和河西地区的自然环境，以及山川、大漠、戈壁、雅丹、盐壳等地貌的种种奇妙景观。斯坦因的著作为人们打开了此前"未知世界"的大门，当时在国际上引起了巨大轰动，西方列强的学者们对此垂涎欲滴，纷至沓来，形形色色的探险家也紧随其后，蜂拥而至。

  斯坦因的这三次探险考古活动，足迹遍布塔里木盆地、吐鲁番盆地和天山以北东部地区，几乎盗掘了我国汉唐时期所有重要的古遗址和遗迹，对遗址和遗迹造成了严重破坏，所出文物也几乎被席卷一空，并运往英属印度和英国本土。此外，斯坦因在河西敦煌以及内蒙古额济纳旗黑城等地也进行了大肆的盗掘和劫掠，其中尤以对敦煌石窟宝藏的劫掠最为臭名昭著。可以说，在20世纪30年代之前，斯坦因是我国西部地区古遗址最大的盗掘者和破坏者，是劫掠中国古代文物的第一大盗。斯坦因的上述著作是西方列强侵犯我国主权的铁证，同时也为那段令国人屈辱的历史留下了真实的记录。因此，我们在阅读斯坦因上述著作时，一定要牢记惨痛历史，勿忘国耻。

斯坦因上述三次考古报告都是综合性的学术性专著。为了方便一般读者更多地了解斯坦因在我国塔里木盆地、吐鲁番盆地和天山以北东部以及河西敦煌等地区的发掘工作和搜集文物的情况，我们对上述三次考古报告原著做了一些技术性处理：根据原著各章内容的关联性进行分册，删除一些专业性特别强的内容，将插图进行适当调整并重新编序等。

本册出自《亚洲腹地考古图记》：1914年2月，斯坦因再次来到楼兰，全面调查发掘楼兰古遗址、古墓葬。特殊的自然环境，独特的墓葬形制与随葬品，揭示了楼兰古代居民的生活状况与丝路文化交流多元传播的历史面貌。

目　录

第一章

古三角洲上的遗存

第一节　L.K 城堡遗址

1914年2月1日早晨，我的大队人马终于离开米兰，向东北方向进发。此时我感到如释重负，因为我现在终于有了充分的自由和时间来执行我的计划。米兰的悠闲、懒惰的罗布里克人也对我们的离开感到轻松。他们用惯常高呼"尧勒包勒松"（意为一路平安——译者）的方式与我们告别，宽厚的脸上露出了亲切的表情。我们所有暂时用不上的行李都留在了后面，由个人负责看护。和行李在一起的还有李师爷，因为他虚弱的身体不可能承受沙漠探险的艰辛。在米兰的时候，我就已为他返回喀什噶尔付给他一笔丰厚的津贴，但他不接受，因为怕落个"贪财"的坏名声。但剩下的沿着沙漠小道把李师爷安全地送到敦煌的任务，后来落到了忠诚的依布拉音伯克身上，为此伯克感到非常的苦恼，当在楼兰遗址决定把他派回去的时候，他不安地请示，在异常艰难的旅行中，万一李师爷坚持不住该如何处理他的尸体。

我们的下一个目标是一处大型的古城堡遗址。这个遗址是我的老随从、罗布里克人——托乎提阿洪发现的。我们第一天就来到了塔里木河边的阿布旦，这里曾是罗布泊地区的首府，后来被完全废弃。次日早晨，我们穿过冰冻得非常坚实的塔里木河的尾闾河床，沿着左岸明显的路线，顺着库木恰普干的方向，来到了单独的一条河道。据说在去年夏天，除河床那边的深水池外，此河曾完全干涸。人们认为，干涸的原因是罗布里克人最近在铁干里克上面的塔里木河上拦水筑坝。建坝的目的是拦成一座大水库，以保证新垦区的灌溉。另一方面，托乎提阿洪记得，1892年的一场大水漫进了塔里木河尾闾河道，并淹没了在英苏和卡克玛克恰什成串盐水湖西边的所有牧场。洪水甚至还冲到了距恰依奴特库勒一天路程的地方。

随后两天的途中观察表明，1906年12月我横穿这片土地时见到的干涸过程，自那以后就一直延续着。

离开阿布旦的那天傍晚，我们经过了1906年我们在阿拉木霍加库勒附近的老营地，发现这一片洼地已经干涸。于是我们不得不往东走，找到了一片名叫乌尊库勒、结着厚冰的湖沼，并在那里扎下了新的营地。夜里，我们把湖中的淡水冰块切割下来，装入结实的毛编织袋。第二天早晨，我们用了19只骆驼来驮运这些冰袋。到恰依奴特库勒约有一天的路程，但因为许多洼地现已干涸，所以很容易就能穿越过去。这些洼地与东面卡克玛克恰什一线的潟湖相联接，表现出是一条河道。该水道尽管水量已大大减少，但每年春季都有流水。

洼地底部覆盖的盐碱或盐壳较薄，所以当重新走上1906年119号营地附近的老路时，我被一个小盆地吸引住了，盆地的形状为多边形，边缘隆起，表面均覆盖着大块的硬盐壳。据托乎提阿洪所说，这个小盆地及相似的单个盆地中的奇特的盐壳，是湖水抵达更南的潟湖时，水从这些盆地底部慢慢渗出所致。那天晚上，我们到达了恰依奴特库勒咸水湖，1906年12月我们在此调查时湖中仍有一薄层盐水，但现已完全干涸。其北端有一个深坑，以前我们在时那里曾是一个水塘，其水可供牲畜饮用，现在那里仍有冰，略带点咸味，于是我们在那里扎下营地。1915年3月，阿弗拉兹·古尔从北面回到恰依奴特库勒咸水湖的时候，他看到这个小盆地又被从卡克玛克恰什湖方向过来的洪水注满。

1月4日早晨，天气格外晴朗，但寒冷刺骨，我站在营地附近一处显眼的红柳包顶上，清楚地辨认出远在南边阿尔金山脉外层的低山丘陵，以及巴什库尔干西的一些高峰。那天的行程是在熟悉的地段上进行的，沿着1906年所走的119号和121号营地间的路线，我们直向东北，路线虽较为漫长，但骆驼容易行走。1906年时，该地区的一些低洼部分仍有小盐水湖，但现在除了到处可见的小块沼泽地以及托乎提阿洪库阿特干库勒（此名为纪念我们的向导托乎提阿洪而起）和乔杜克库勒湖盆之间的几个小水塘外，它们都已干涸。水很咸，无冰。

最大的干涸盆地是更北的库尔班库鲁库勒，在它边缘附近，红柳包已几乎全部枯死，表明这是持续了很长时期的古岸线。1906年，因为连续的干旱，盆地内几乎没有发现植物，但现在幼小的红柳树已在尚有地下水的地方扎下了根。如果这些红柳存活下来，它们将逐渐长大，形成一个新的小红柳沙包圈。在这些盆地后，我们通过一片活着的小红柳包，再经过尚未发育完全的沙丘，最后来到风蚀时间不太久远的地方。在这里，大片地表覆盖着死芦苇，苇秆都顺着东—北东到西—南西的方向倒伏。在没有死芦苇覆盖的地方，赤裸的黏土便被吹出一道道雅丹浅沟。

与此完全一致的一种奇怪现象是：在这块现暴露于风蚀的粉状地中间，有几小丛活着的芦苇占据着几片小洼地。最可能的解释是，当塔里木河发生突如其来的洪峰，水便渗进这片过渡地带的风蚀洼地。类似的解释，则把上述这种现象归因于在高仅2~4英尺的小沙包上大量生长的幼小红柳，这些红柳沙包都分布于风蚀盆地似的平地内，完全没有最近潮湿的迹象。在一个较长的湖盆后，我们来到长着芦苇及棘手灌木的条形地，它沿着一排高高的红柳沙包延伸出很远。我们的骆驼可以在这里找到少量的牧草，于是我们在此停留过夜。这一天我们走了约18英里。

2月5日早晨，在xc号营地附近，我爬上了一个红柳包顶，用双筒望远镜向北—东北方向瞭望，看到了托乎提阿洪所说的L.K

废堡。向西看，则是连绵不断的高沙丘地区。向北看，出现在我面前的是楼兰遗址周围的荒芜景象，赤裸的黏土地平坦地伸展着，被风蚀切割，上面仅散布着几处带有枯死红柳的沙包。在少见的红柳包与风蚀地之间，是长条的淡色流沙，倒伏着成排的死胡杨。

我们经过几排死树中的洼地（结着盐碱硬壳，并有最近生长的植物），它们表明在离我们营地0.5英里的范围内曾有过一条古代河道。在它后面，土地被侵蚀成大大小小的雅丹地貌，其中央是一片长而弯曲的洼地，中间有一个小的盐水坑。很明显，它是我们1906年时在121号营地南穿越的最近干涸的湖床的一部分，而这个小水坑正是湖床新近萎缩后的残余。我站在湖床北端附近的一处死红柳包顶上向北望去，L.K城堡遗址（图2）已清晰可见，直线距离约只有3英里，在其西—北西方向有个小遗址，是托乎提阿洪在最近的搜寻中发现的。

再走1英里，我们经过了一处深25英尺的奇特的风蚀穴，其底部潮湿并有白花花的盐碱，说明来自塔里木河的一场突如其来的洪水造成的南面洼地里的地下水，已渗透到这个需水并在多个世纪中一直遭受风蚀的地方。我们的观察表明，这片洼地并不一定是一处旧湖床，而有可能是因长期不断的风蚀而形成的。

我们继续沿着L.K城堡遗址的方向行进，在距遗址约2.5英里的风蚀地上首次遇见了石器时代的古物，即各种各样加工过的小件石头。不久，我们又发现了大量的碎石和粗陶片。这些发现表明，这一地带在石器时代的某些时期内曾有人类活动过。

图1　罗布沙漠的 L.K 城堡遗址西南墙外的风蚀地

　　再往前走，小件青铜器和铁器的残片以及玻璃残片，提供了历史时期这里的交通和居住的确凿证据。离开 L.K 城堡遗址约1英里处，我们来到了一条由几排粗胡杨树（这些胡杨树都已

经枯死，但有些仍直立于两岸）标示出的宽阔的河床，它正是托乎提阿洪从其参观该遗址时辨认出来并画在草图上的那条古河道。这条古河道从西北方向而来，并从我们穿越的地方沿东—南东方

向蜿蜒而去。在河道与古城堡遗址之间的地面上，碎陶片和炼渣比石器残片更为常见，与它们混在一起的还有小件青铜器、铁器及大量的玻璃器残件。

L.K 城堡所在的地方已被风蚀出深深的凹陷，呈现出雅丹地貌（图1）。尽管城堡的大部分遭受了严重的毁坏，但遗址轮廓仍较清楚。如同平面图（图2）所示，城堡形状呈不规则长方形，其墙角略指东方。东北边和西南边为长边，经测量，长近620英尺，另两处短边约长330英尺。尽管该城堡的围墙建筑得非常厚实，但正如在西北角内所看到的全貌那样，已被风蚀破坏得非常严重。也许，由于流沙的堆积，西南边和东北边的长边城墙相对其他地方来说保存得好一些，即使在那里，城墙角落遭受的风蚀破坏亦很严重，其西面和南面已几乎被完全侵蚀掉。

城堡西南面城墙内比其他几面要好得多，大多没有流沙。尽管使用的材料粗糙，城堡却建筑得非常坚固，仅此即可解释它们经受住了这一地区最具破坏力、持续不断的风蚀的原因。城堡内外蚀出的深约25英尺的凹坑可清楚地表现出风蚀的巨大破坏力。城墙的建筑方法与我在敦煌西部首次遇见的古代城墙的建筑方法相同，目的是防御风蚀。

城墙均用不同厚度的黏土和胡杨树干间隔筑成，并有与之交叉的垛泥墙支撑。墙的宽度随高度的增高而逐渐减小，由此，墙的内外面均向内明显倾斜，使墙体的稳固性大大增加了。最底层为基础，用也许是放于原始地面上的大胡杨木板铺成，总宽度为

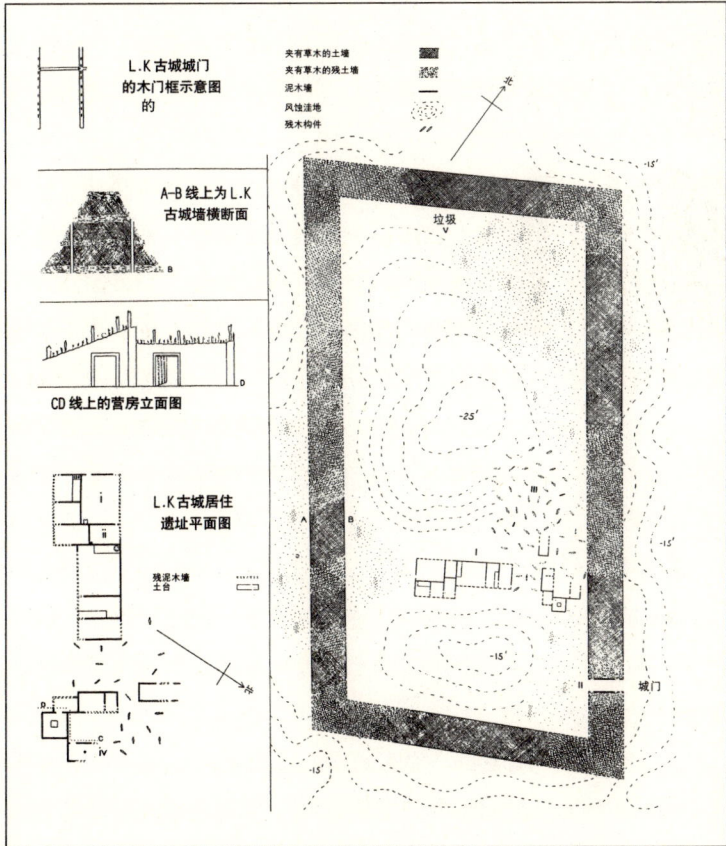

图2 L.K城堡遗址平面图

32英尺。墙基的原来厚度已不清，很可能不到2英尺。墙基上的黏土层较厚，足有5英尺。这种黏土层由不规则的大块黏土筑成。这些硬黏土块可在洪水过后的河床地表上采到，或在干涸的洼地中采到。由于建筑时硬黏土块的上下还加有湿黏土，因此这些垛泥墙变得非常坚实紧密。

再往上，即黏土层的上面是胡杨枝条层，这种束柴层（或梢捆层）的叫法，是我从对敦煌石灰墙的描述中借用而来，是相对上面两层而言一种更方便的表示方法。我注意到，为了保证一个较为统一的水平，从而获得更牢固的效果，在黏土块上放置了一层红柳枝条，枝条下面放了几块胡杨木头。接下来的黏土层厚4.5英尺，上面有一层木头层保护着。最上方的黏土层高4英尺，顶上有一层10英尺宽的胡杨木头。这最上面的木头枝条层由于暴露在外，受到破坏，所以不能确切地测量出它原来的厚度。但这最后的束柴层（梢捆层）无疑还要覆上一层黏土，而且还有可能有胸墙。城墙的斜坡面原来也很有可能包有黏土，现已被侵蚀、破坏掉了。黏土层暴露在外的部分也已被侵蚀无存，间隔的束柴层被悬垂、突出在外。

图2的局部草图表明，原来的墙高逾21英尺，自下而上，连续的束柴层的宽度是递缩的，比例近2:3，其厚度亦相应地越到顶越厚。黏土层则相反，底层厚5英尺，但向上厚度则慢慢缩减到4.5英尺和4英尺，似乎是为了防止出现因顶部过重而导致滑动的现象。同样，为了使整个墙体更加牢固，还使用了沉重的木头架子

护撑。在沿西北、东北和东南的墙面，我们在去掉保护的沙子以后，可看到分立墙内外面的每对木柱，木柱的间距约15英尺，顶高达到第三层束柴层。这些柱子很可能通过贯穿于黏土层或束柴层上的横梁而连接、加固起来。但由于时间紧张，不能解剖厚重的城墙，我未能验证是否使用了横梁。

建筑城墙使用的材料和方法都很古老。根据这种建筑方法，我们即使在缺乏任何其他证据的情况下，也足以得出较为可靠的结论，即城堡建筑的时间与中国内地工程技术流行于罗布地区的时间相一致。又根据建筑使用的材料，我们可以肯定，如同今日在塔里木盆地每条河流下游所看到的那样，遗址的附近有一片广阔的丛林地带，其中包括大小野白杨树，说明建筑使用的木材采自当地。与此同时，该古城堡的南面临近一条干涸的古河床，因此在建筑城墙时也很容易地从因周期性洪水而保持湿润的河床中挖取黏土块。附近大量的胡杨树也许可以解释此城墙比1906年考察过的L.A城堡遗址的城墙要坚固得多、保存得好的原因。不管怎样，值得注意的是，L.K城堡遗址和楼兰L.A遗址的围墙角落都朝向东。

判别年代古老程度的另一个重要标志是门道设施，其位置在城堡围墙的东北面，距东角约100英尺。门道的顶部以及邻接墙体的地方虽然已被侵蚀、毁坏，但根据幸存的木门框、大门的轮廓及安排，门道还能较容易复原（图2）。大门的两侧还有护柱，每侧9根，插入2根长22英尺的粗大的地栿。在入口处还有一根

图3　罗布沙漠 L.K 城堡遗址内的全景，从北城角取景

横向的门槛联结于两侧的2根地栿之间，表明门道的宽度略超过
10英尺。北侧现仍有7根边柱直立着，其中一两根仍保持着原来
的长度，顶部有梢钉，表明门道原高达10英尺。靠近门道外端有
2扇厚重的木门，每扇宽5英尺。其中一扇木门已卧躺于地，保
存完好。门板厚3英寸，由插榫来固定。门槛上有置门枢的门臼，
其两邻的门柱上有可在关门后插入门闩的孔眼。门道的尺寸和布
局安排，与1901年发掘的喀拉墩遗址的四方形的防御性堡垒十分
相似。我于1908年对该遗址的重新考察已经证明，其年代可能接

近尼雅、楼兰被废弃的年代。

　　在城墙圈内，我首先调查了靠近东北墙中间的 III 区。它的面积约为 130 英尺 ×100 英尺，上面覆盖着厚厚的木头建筑残骸。其南面是两小组木头与枝条混筑的住址，从东北向西南延伸（图 2），堆积着部分沙子。如图 3 所示，III 区的大建筑中除了倒伏并混在一起的属于墙基和房架的梁、柱、地栿，空无一物。所有这些木头，包括 30 多英尺长的木头，由于数个世纪的暴露，都已经皱缩、开裂。由于风蚀，该建筑的原地面已经消失，建筑结构、布局及

图4 从东城角看罗布沙漠中的 L.K 城堡遗址

可能留于该建筑中的器物都已经无法了解或找到。但由于该建筑规模较大，我认为它可能是某种官员住宅之类的建筑。

我根据在其他遗址上调查的经验，曾猜想该建筑附近应有保存较好的垃圾堆，但搜寻之后一无所获。除在西北墙下一个较小的 v 号垃圾堆中发现了马粪和几小块毛毡，我们在城堡内的其他

地方都没有发现任何垃圾堆积。

　　在 III 区的南面有长形居址 i，也许由于东北墙的一段墙体保存较好，它的背风处有积沙保护，因此它受到的侵蚀较少。正如清理前所拍摄的全景照（图4）所示，许多木骨—枝条墙仍直立着。除了房间 iii、iv 的墙体被沙丘覆盖，泥糊墙的高度都不超过4英尺。我们在这里搭起帐篷，房间 i 的发掘即告开始，阿弗拉兹·古尔则带着小队人马向西北方出发，去搜寻更多的遗址。发掘表明，各房间的墙壁均用粗糙但结实的胡杨木头以及紧捆一起的直立的红柳枝条筑成。柳条墙用联结框架柱子的横梁来稳固。柳条墙的内外两面均糊泥，泥中仅掺杂有苇草，表面虽粗糙但很密实。尽管这里使用的材料较粗糙，但墙架及泥糊柳条墙与尼雅遗址上所见的墙体十分相似。

最西面的房间 i，出土了一件非常重要的器物，即双托臂柱头（图 5），用坚硬的胡杨木头雕刻而成，长近 3 英尺。其四个托臂的安排以及装饰处理与 L.K 城堡遗址西北 L.M 城堡遗址上的木柱头饰（图 6）极为相似。这使人联想起爱奥尼涡漩形式的涡卷形托臂，表明它与楼兰 L.A 遗址的木双托臂以及米兰 M.II 号寺院的双托臂（在台基的半露壁柱上）有着亲缘关系。楼兰和米兰的带涡漩形端头的双托臂，在特征和帕塞波利坦样式方面与犍陀罗浮雕所表现的柱头饰有着密切的联系。我还把楼兰遗址的这些双托臂与法哈德伯克亚依拉克和喀达里克遗址的双托臂作了比较，充分地陈述了断定年代的证据。

房间 i 内除保存完好的一块门板和角落里的泥糊壁炉，还发现一段精致的麻绳和一件石杵。在西面一些房间里进行清理，也只找到一些小件的器物，如两件玻璃珠以及一件青铜残件。有三个房间有坐台，其中的两个还有高起的泥炉盆。

在刚才描述的这群房间后面，即在堡垒的东北附近有另外一

图5　L.K 城堡遗址发现的双托臂柱头

图6　L.M 城堡遗址发现的双托臂柱头

小组房间，从散落在地的木头残骸来看，似乎曾经与上述相连。其靠外面的房间受到的侵蚀较严重，但近围墙的另外两个房间里却堆积了厚达6~7英尺的沙子，正是在这里，我们观察到了一些重要的现象。在房间 iii 的入口处，有半打开的单扇门留在原位，门上端的中心现仍附有一条环状的绳子，很明显是用来系门的。从保存完好的房柱可以看出，房间的高度为9.5英尺。房间的近中央有一座小泥台，高1英尺，台面为3.5英寸见方，台面用柳木做边。泥台的顶部已被火烧红，我的随从们认为这是铁匠的工作台，他们指着同一房间里发现的一截用胡杨树干挖成的浅木槽，认为这是铁匠用来冷却铁器的水槽。木槽向外躺卧于右边的沙子上，那里还发现了一个大陶罐的残片。

从这组建筑的一个中心房间进入房间 iv，可见里面仍直立着一根支撑房顶的粗大木柱。在离房顶约3英尺的地方，我们发现了一副木头双托臂，尽管已经严重开裂残损，但仍可以清楚地看到涡旋形饰。同一房间的外面还出土了一件木器，一端带有铁柄脚，可能是刈割芦苇的工具（图7）。值得注意的是，房间 iv 房顶的一根梁木用沙枣木制成，而外面房间 iii 里的一根梁木则用白杨木制成，这表明在 L.K 的范围内应有耕地。房间 iv 以及邻近地方的木头已经腐烂，说明该城址在废弃后曾有过潮湿水汽。

在古堡周围的风蚀土壤中，我们捡到各种小件器物。其中，首先要提到的是一些中国钱币。其中两枚是五铢钱，与托乎提阿洪从搜寻中带给我的、据称是在城中发现的那枚残币一样。另一枚是无钱纹的钱币。此外，两枚钱币以及一枚货泉钱币，是我在此城的外面调查时发现的。很明显，这些钱币应在北面楼兰遗址的使用、废弃的年代范围内。另一些遗物中，最重要的是在古城的东北面附近捡到的一副银耳环（图8），原先镀金。环上有装饰图案，其坠由线形环和精美的鞭状物组成。此环造型优美，制作工艺之精良可与尼雅遗址发现的用金丝细工工艺制作的小金耳环相媲美。在这里我们还可看到风蚀对地面产生作用的例证，即距发现数个世纪以前的精美饰品的地方不远，实际上在同一高度的地方，发现了新石器时代遗存的磨制石镞。

　　在到达 L.K 城堡遗址以后，我即派阿弗拉兹·古尔带着一队骆驼和人员去搜寻从该遗址看到的 L.L 小城堡遗址，并向北寻找更多的遗址，因为根据古河道的方向我推测那里可能有遗址。2月7日早晨，他带回了消息说，他的搜寻非常成功，于是我立即出发前往刚找到的新遗址。不管怎样，在描述进一步的考察结果之前，我应该简短地说一下我从 L.K 城堡遗址的观察和发现中得出的一些结论。尽管 L.K 城堡遗址没有发现任何文字遗物，但遗址的总特征和钱币的证据表明，这座城堡遗址在年代上与楼兰 L.A 遗址几乎同时。我们已知 L.A 城堡遗址使用于公元3世纪，其后不久即被废弃了。我们虽不能确定 L.K 城堡遗址的始建年代是早于楼兰 L.A 遗址还是与它同时，但可肯定它的使

图7　割芦苇工具

图8　银耳环

用期不可能延续到公元4世纪30年代以后，因为我们知道那时通过罗布沙漠北面及经过楼兰的交通，极有可能出于某种地形学方面的考虑而停止了。

L.K城堡遗址正处于连接楼兰L.A遗址和米兰遗址的一条直线上。我在《西域考古图记》中已经证明米兰遗址所在地即为《汉书》里所称的罗布地区的首府扜泥城。郦道元的《水经注》编写于公元6世纪初，根据的是早期的材料，该书称此地为"东故城"。《水经注》还说明塔里木河消失于扜泥北面的尾闾湖，并且曾占据过类似今喀拉库顺沼泽地的地方。

由此我们可以推测，古代中国中道上的楼兰站和汉代罗布地区首府扜泥之间的道路，很可能就在连接楼兰L.A遗址和米兰遗址的直线附近，实际上经过L.K城堡遗址。但现在风蚀沙漠已把楼兰L.A遗址和L.K城堡遗址分割开来。我们的调查表明，这个沙漠地区一直是库鲁克河南边支流的三角洲地带，所以交通是可行的。L.K城堡遗址与楼兰L.A遗址之间的距离很可能为30英里，比这个重要哨站（楼兰L.A遗址——译者）到米兰的直线距离至少近三分之一，因此修建这座L.K城堡的目的在于保护连接这两地的捷径并提供沿线的交通便利。之所以选择这一地点修建城堡，完全是因为它靠近农业村庄，即我已经找出的L.M遗址（图9）。

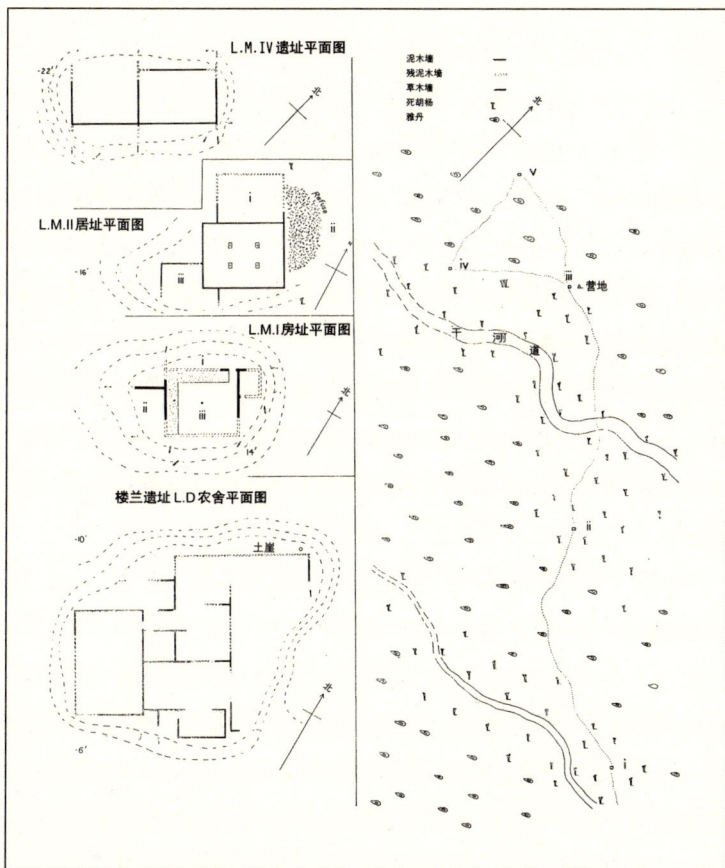

图9　楼兰 L.M 遗址平面图

第二节　L.L 城堡遗址和 L.M 城堡遗址

2月7日，我赶往托乎提阿洪所说的小城堡遗址。我从 L.K 城堡遗址出发，往近正西方向走了约3英里。我们穿越过的地方由于风蚀几乎全部是黏土，塑成了雅丹地貌。但当接近 L.L 城堡遗址时，雅丹沟变浅了，流沙吹过时，土地显得更为广阔一些。在我们道路的南面，可看出以前曾在 L.K 城堡遗址附近见过的古代河床，沿岸有成排的死胡杨树，清楚地标示出河床的位置，其走向接近北—西方向。在路上，我们捡到包括一件小玉斧在内的一些加工过的石器，表明 L.K 城堡遗址附近的史前居住区曾延续到西边。

L.L 城堡遗址在建筑特征上与 L.K 城堡遗址非常接近，但规模很小且保存情况不佳。其城堡用硬黏土块及间隔的红柳枝层垛筑而成，形成了一座长方形的城堡，其两短边各长约138英尺，走向为东—北东至西—南西，正好顺着主要风向。另外的两长边的长度各接近218英尺。北面的短墙保存最好，墙基厚约26英尺，往上共有7层连续的黏土，每层约厚16英寸，黏土层之间用厚约16英寸的红柳枝和灌木层隔开。根据一根躺卧的粗木柱推断，大门很可能在东墙。东墙已被侵蚀掉约74英尺的长度。

在东墙的南段，墙面向外突出约42英尺，以容纳邻接它的一垛内围墙，内围墙长约68英尺，延伸至东南角。这一内围墙被其北面和东面的墙阻隔，而与城内其他部分（厚约8英尺，主要用束柴和黏土筑成）隔开。这段围墙内的地面高出其他地面8~10英尺，覆盖着厚厚的苇草和垃圾，主要是羊和其他动物的粪便。在清理这处垃圾时，我们发现了大量的纺织物残片，主要是毛毡和羊毛织物。

这里还发现了一块印花丝织品，蓝底，白点斜格装饰图案。这块丝织品之所以重要，是因为其织法与L.C墓出土的人物丝织品一样，为精致的经畦织法，是汉代丝绸的最早标本。在当时我未认识到印花丝绸提供的年代线索，而且在那里发现的青铜器或铁器小残件在判别年代方面也没有派上什么用场。但幸运的是，在同一堆积层中发现了一张磨损的小纸片，上面有几个像早期粟特文字的字迹，仅此就足以说明此城堡的使用年代很可能与楼兰L.A遗址的年代同时。

因城内缺少建筑遗存，我们不能确定刚才提到的垃圾是原哨所使用时造成的，还是由于像在米兰和楼兰遗址各种建筑遗存上发生的、被后来的牧人用作庇护之处而造成的。除了这个垃圾层保护的内围墙，城内部分已被完全侵蚀破坏。尽管侵蚀作用不是很显著，但侵蚀过程与L.K城堡遗址非常相似，沙子由毁坏了的东墙处吹入，再从西北角的一个缺口吹出去。在西墙外约60码曾立过木头、灰泥建筑的地方，仅有碎裂的地栿残留在一个低矮的丘堆的斜坡上，等等。

图10　漆盆残件

　　从 L.L 城堡遗址出发，我在阿弗拉兹·古尔搜寻小队的一名队员的向导下，向西北方向行进，走了约3英里后，来到了所说的居址旁。我们路经的风蚀地上，散布着高6~10英尺的孤沙丘，沿路我们捡到的石器、陶片、青铜和玻璃小件的数量，随着我们走近 L.M 遗址越来越多。在玻璃小件中，应特别提起的是着色或镀金的玻璃珠以及熔融或浇铸成的玻璃器。L.M 城堡遗址散落于一片洼地的两边，从边上成行的死胡杨树以及它从西至东的蜿蜒方向来看，这片洼地是一条古河道。接着，我们穿过了一片与前述洼地相似但规模要小得多的低地后，即到达了第一处房址 L.M.I，该房址隆起于一块高14英尺的侵蚀台地上，其位置和形状使人不由得想起尼雅遗址。半露于积沙的低矮的木骨枝条墙标明了原地

图11　木碗

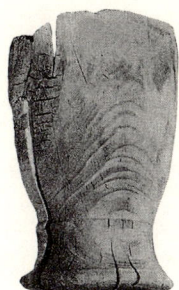

图12　木杯

面上房间的位置。而另一些房间已被侵蚀、毁坏，仅见台地周围斜坡上散落的大木头。

因为我们必须回到 L.K 城堡遗址的营地，所以第一处遗存即 L.M.I（图9）的清理工作在夜幕降临之前便完成了，收获颇丰。中央的一个房间 iii，其大部分粗大的墙柱仍站立在原来位置上，房间的墙壁系用木头、枝条构成，墙基是大的木基栿。有两垛墙的内侧筑有黏土座台。曾支撑过房顶的一根粗重的胡杨中心柱斜躺于房内地面上，柱头仍带着精美的木柱头饰（图6）。如前所述，对 L.K 城堡遗址、L.A 城堡遗址发现的双托臂柱头饰及米兰遗址 M.II 佛寺里的拉毛灰泥半露柱的顶头饰进行比较，即可得到一条非常有用的断代线索。对于从 L.M 城堡遗址获得了年代方面的结论性证据及在清掉中厅西北隔壁的垃圾时发现了非直接证据，我感到特别的满意。

L.M.I.i 房间的垃圾层，堆积于残存的窄条形泥地上，厚 2 英尺，主要由苇草和骆驼粪组成。但根据从垃圾层中出土的丝、毛织物的残片看，其中包括印花丝绸、几块有花和怪异动物图案的毛挂毯，还有精致的皮革制品遗存，其中包括装饰有青铜饰件的一条皮带以及像食盘那样的木制用品。在形式上，这些出土物都和第二次考察时在楼兰遗址发现的遗物非常一致。在同一垃圾堆积层中发现的若干汉文文书残片（其中一块较大）以及一枚佉卢文楔形小木简，确凿地证明这个居址与楼兰等遗址同属一个时期。同样特别重要的是可能为菩提叶的两张小纸页，上面有三行细小而精美的中亚婆罗米斜体字，显系龟兹语。

另一处垃圾堆积位于中央房间西南的房间里，未出土文书残件，但出土了其他重要的遗物。最值得一提的是精美的漆盆残件（图 10），无疑是中国内地制品。其顶、底及两个长边条是分开发现的，端头已残失。顶、侧外面有非常优美的边缘装饰，图案为卷云和怪兽，黑地红彩。木碗（图 11）如同在敦煌长城发现的同类物那样，具有汉代风格。另一些要特别提到的是，一支精致的箭杆、一枚形状不同一般的木骰子、一只细高的木杯（图 12）以及一个木纺锤。

在黑暗中我们行走了近 6 英里。当我们向东行进时，雅丹地貌的沟沟坎坎变得越来越深，使我们走得痛苦不堪，最后终于回

图13 木钥匙

图14 纺梳木梭

到了 L.K 遗址上的营地。考虑到 L.M 遗址的初次"发现"便这么丰富、有价值，我们于次日早晨便将营地迁到了那里。开头的工作是在一处居址上进行的，它位于 L.M.I 西北约600码处的几组死胡杨树中，它所在的风蚀冈顶高出南面现地面16英尺。这处遗存以及南面高8英尺的洼地阶地上的死红柳说明，这块地面在被侵蚀很长一段时期后，曾一度湿润过。建筑遗存的侵蚀仍历历在目，其残存的木骨枝条墙仅高出地面1英尺。北面邻接的一个小房间 i，被破坏的情形更为严重。西南面的房间 iii 也是如此。从东南面的斜坡上残存的木梁、椽来看，此建筑还沿那个方向延伸出去。

居址中央的房间只覆有8英寸厚的积沙，清理中未发现什么东西，仅露出四个粗大的长方形胡杨木础，标示出支撑房顶的柱子位置。房间 i 的遗存中除出土了一定数量的褴褛的纺织物，包括花纹图案与 L.M.I 的一块纺织物相同的印花丝绸残片、一页残纸片（上面用优美的汉字书写着某些宗教或军事的文书）。房间 iii 的垃圾中出土了一把木钥匙（图13），其形式与和田地区及其他地区各类遗址中发现的一样。此外还有一把纺梳木梭（图14）及柳条编织物残件。

该建筑遗存的东面有一块地方，面积约40平方英尺，上面覆盖着一层厚厚的苇草和马粪。刚开始清理这个编号为 ii 的垃圾层时，出土了一张折皱了的纸质文书，上面有20行早期粟特文字。虽然第一批早期粟特文书是在楼兰 L.A 遗址及敦煌西汉长城烽火台上发现的，但这次发现也特别令人欣喜，因为它证实了我以前对该遗址及 L.L 小古堡遗址使用年代的推论。此外，在这里还发现了汉文和草书的婆罗米文纸文书残片。还应提到的是一块山羊毛织物残件和藤茎编织物，特别是一块绒毛地毯的残片，磨损较严重，颜色已褪，其花纹图案已不能看出。

向西北方向行进时，我们穿越了一些宽约90码的洼地，两岸排列着几排枯死的胡杨树。在离 L.M.II 遗址约700码的地方，我们发现了一块孤立的雅丹台地，台地顶上有少量的遗存，从散落于斜坡的木头残骸可判断此处是一处中等规模的居址。从胡杨墙柱看，此房址仅有一个房间，房内地面上残存有与 L.M 城堡遗址的木柱础相似的两个长方形木柱础（上有承柱的臼窝）。在外面斜坡上的木头残骸中发现的两件双托臂柱头饰，和 L.M.I 遗址上发现的那件形状相同，但残损情况更严重。在房间西墙外的垃圾层中出土了一页纸文书残片，一面是汉字，另一面是几行佉卢文字。

在西边约340码的地方，我们又发现另一处居址 L.M.IV，规模似乎更大，但侵蚀得非常严重。两个房间的墙壁是木头、枝条泥糊墙，虽然其木头墙基仍保留原位，但地面已被风刮得一干二净。事实说明，侵蚀力很强，即居址南面的土地已被掏挖至由建筑地面标志的原地面下22英尺的深度。在散落于斜坡上的胡杨大木梁和其他木头中，我们辨认出两件严重碎裂的带有涡漩形端头的柱头饰，在那里还捡到若干件铁质家居用具和几块青铜残片。遗址仅有的另外一处建筑 L.M.V 也遭到了严重的侵蚀。在枯萎的木头中，我们差点未能认出通常形式的一件双托臂柱头饰和柱础。

刚才所说的居址位于西北至西南足有1英里的地面上，我认为这本身就足具重要性。根据塔克拉玛干沙漠南缘尼雅遗址及另外一些居住遗址的考察经验，我们可以推断，现存下来的只是那些木头构架厚重、较牢固结实的建筑，而满足大多数居民要求的泥筑居址则已完全被侵蚀，看不见了。

这一结论可被大量塔提型小杂物所证实。我们未进行较长时间的系统搜寻，仅一天内就从遗址上捡到了这些杂物。其中首先要提到的是6枚中国钱币，它们都有钱铭，是大五铢类型，属于汉代及紧随其后的时期，所以在关于该遗址的年代上，钱币学证据与发现的佉卢文以及粟特文文书提供的证据是一致的。

约与楼兰遗址同时期使用的遗物包括：大量的带各种颜色或

鎏金的玻璃器和假宝石珠，其中有些带有阴刻或突起的花纹；值得特别提到的是一件精蓝色玻璃流嘴；一块出土的玻璃熔渣残件说明了玻璃是在当地熔炼的。在陶瓷遗物中，有绿釉陶器残件及刻有纹饰的灰陶器。此外还出土了一些小件假宝石器。在青铜遗物中有猫铃、嵌珠宝的盘座、挖耳勺等，此外还发现了一些铁器。像在楼兰许多遗址那样，在这些属于早期中西交流时期的遗物旁边，我们发现了被风蚀吹刮出来的、古老的石器时代的各类遗物。

在 L.M 城堡遗址及其周围发现的石器时代的遗物，可与 L.K 城堡遗址东南方向以及 1906 年 12 月 15 日我们前往 121 号营地途中大量发现的石器联系起来考虑。

从地理学的观点来说，L.M 城堡遗址提供的古物证据具有特别的重要性。正如上面所记录的那样，这一证据表明，这一平常的定居点与楼兰 L.A 遗址差不多同时，其使用时期在公元初的几个世纪内。考虑到该遗址的特点和分布以及在其中一处遗存中捡到的谷类食物，至少部分居民从事农业已是无疑。同样可以肯定的是，因为在遗存所在的地区内可清楚地找到干涸的河道，当时的居民可从河道中汲水。

水来自库鲁克河这一结论，是根据一年后阿弗拉兹·古尔从恰依奴特库勒咸水湖至库鲁克山麓的雅丹布拉克泉的旅途中的发现而作出的。但在此可顺便了解他根据我以前的指示，于 1915 年 3 月 8 日对 L.M 城堡遗址附近遗存进行搜寻的结果。从我们在 L.M.III 遗址附近的老营地开始，他对东面和东北面进行了广泛的搜寻，但没有碰见任何遗存，也没有见到干涸的河床。但对原来的西北方向重新搜索约2英里后，他发现了三处成一组的居住遗址。像L.M城堡遗址的那些居住遗存那样，这些房址也用木头和枝条牢固地构筑起来。其中两处遗存，房间内堆积了较多的沙子，但房间的部分布局仍较明显。而西边的一些房间似乎已被沙子掩埋。阿弗拉兹·古尔当时只带了三个随从人员，而且考虑到他马上要穿越艰险的沙漠，时间非常有限，因此未能对这些房间进行清理。但在旁边风蚀斜坡上捡到的青铜、铁和玻璃小件，表明这些遗存的年代与L.M城堡遗址相同。阿弗拉兹·古尔进一步向西北行进，在这些遗存以远1英里处，穿过了一条河道，河道有一部分已被沙丘占据。正如阿弗拉兹·古尔的平板仪测绘图所示，他最后见到的古河道距L.R城堡遗址约2英里，从北向东南蜿蜒。再往前，高沙丘越来越大，遗址的考察工作变得更加困难。

根据从L.R城堡遗址收集到的辅助性材料，结合L.K城堡遗址附近的调查，我认为从L.R城堡遗址到L.K城堡遗址沿线近10英里范围的一连串小遗址，其年代在公元初的几个世纪。这些遗址清楚地表明，库鲁克河三角洲的最南部分，在楼兰遗址和中国商路废弃之前，仍有着足够的水量供人们长时间居住。至于L.M城堡遗址居址的性质，可能只有在该遗址上发现汉文及其他文书才能得到较明确的认识。但我认为，从地形学和考古学方面来说，其重要性在于它的位置，即靠近连接楼兰L.A遗址、作为罗布地区或鄯善国首府的米兰和若羌之间的捷径。

楼兰 L.A 遗址作为从敦煌穿越沙漠、进入塔里木盆地的中国古道的桥头堡，在公元前后的几个世纪中，在连接中西方的主要交通路上发挥了伟大的作用。连接楼兰遗址和米兰遗址（鄯善或罗布旧都）以及若羌（伊循）绿洲的道路，当时曾被频繁地使用过。L.K 城堡遗址因为正位于两地之间最近的路线上，所以它的作用是保护这条道路，当然也很有可能是用来维持这处设防哨站及来往交通所需的给养。尽管在 L.K 城堡遗址周围未找到古代的耕田，但结论似乎是有根据的，即 L.M 城堡遗址的居民点提供了这些供应，从而为 L.K 城堡的位置选择提供了直接的理由。进而类推，我们可以考虑 L.E 城堡遗址在从敦煌城墙通向楼兰遗址的大道上占据的位置与作用。

第三节　穿越库鲁克河古三角洲

2月9日早晨，我们离开 L.M 城堡遗址上的营地，向东北方向的目的地楼兰 L.A 遗址进发，以建立即将进行考察的基地。我们走的是一条新路，路经之处在地理学和古物方面都很重要。我首次穿越此地是在1906年12月，那次穿越提供了足够的理由使我相信，这片约宽30英里的风蚀沙漠地带，是库鲁克河的古三角洲地带。那时我们从 L.K 城堡遗址以东的121号营地出发，走的是一条几乎直向北面的道路。而这次之所以这么选择走新路，是因为我考虑到平板仪标出的 L.M 城堡遗址和 L.A 城堡遗址的相对位置，故此道走向为西南至东北方向。因此我可以利用这一良好机会，用崭新而独立的观察来验证以前得出的结论。我曾利用我上次考察时获得的新证据，在《西域考古图记》中讨论了此地的地貌及它的地理特征。而这一次将详细地讨论那次考察的情况，它是我们得出结论的基础。

在 L.M 城堡遗址以远的土地上，风蚀现象极为明显：被掏挖出来的雅丹沟壑深至 8~12 英尺。沟壑之间的台地上常有低矮的沙丘。在走了 2 英里后，我们经过一排死胡杨树，它们从西北转而排向东面。离开 L.M 城堡遗址后，发现加工过的石头出现得越来越少，仅在离此遗址约 5 英里的地方捡到唯一一件燧石器（在刚才提到的一排枯树干后面就完全没有发现）。再往前走，雅丹地貌变得越来越不明显，同时现高 15~20 英尺的沙丘彼此间隔较远，很容易通过。那里的土地几乎是平坦的，看上去像刚研磨过似的，偶尔才被沙丘打破。曾使沙丘形成并仍然保持它们的处处红柳均已枯死，只有顶尖的枝条尚露出一丝生机。

当把平板仪固定于离 xcii 号营地（L.M 城堡遗址）直线距离约 8 英里的孤立的红柳包上时，我们可以清楚地标出我们前面一条宽阔的河道，因为其岸边的胡杨树由西北向东南方向排列。再继续向前走 2 英里，穿过它的一条支流，其岸边有另一片西北向东南方向排列的死树。这两条干涸的河道很明显地向东南方向延伸，直至 1906 年我们在 122 号营地南穿越过的两片相应的古林带。而如果我们转向西北方向，定会找到库鲁克河的古支流和相似的河边林带，因为我和阿弗拉兹·古尔于1907年和1915年在127a号营地和 ccxlviiia 号营地附近曾分别调查过那里。从上述方位，我们首先望见的是北方茫茫的黄沙和地平线上显露出来的库鲁克山脉低山丘陵的黑色轮廓，而早晨在 xcii 号营地可清晰看见的远在南边的昆仑山雪峰，自东北风起后，已隐没于茫茫的沙雾之后。

在长条形的河边死树林后面，我们穿越的土地，除了覆盖低沙丘的地方，均被切割成高4~6英尺的小雅丹。此处的地貌极似1906年在122号营地旁的地貌。现位于后者附近的道路，再现了1906年观察到的某些特点，使我感到非常的亲切。粗糙的新石器时代陶片及几件石器遗物，与1906年我在122号营地北面附近采集到的遗物非常类似。

此外，在到达 xciii 号营地之前的几英里，我常观察到雅丹顶部低矮的枯死的芦苇。这些苇地的重要性，不仅在于它们非常古老，而且还在于它们表明该地区曾遭受过水淹。

我们的道路呈西南—东北方向，与雅丹的常规方向（雅丹的常规方向如同楼兰地区其他地方一样，为西—南西—东北东方向）几乎平行，那天我们很容易地就走了18英里。傍晚，我们在一处红柳包旁扎了营。在营地附近我们也发现，上面提到的那种死苇地占据了雅丹沟壑的顶部。在统一的凹槽样的地面上，这些雅丹沙包的高度各有不同，高差多至8英尺。这表明，这些芦苇生长的唯一原因是近来水又回到了这片长时间被风蚀的土地。在水回返时，水所到达的层位是不同的、有变化的。

另一个重要的事实是，2月10日早晨我们又开始了行进，走了不到1英里，我们就遇到了几排枯死的胡杨树，它们排列于一条西北—东南方向蜿蜒的浅河道旁。这条河道的方向与1906年我们调查的在122号营地北约4英里的长条形死树林和芦苇地的方向非常一致。重要的是，如果我们沿着同样的路线继续向西北方向走，这条路线将把我们带向胡杨和红柳地带，1906年我的平板仪记录表明此地带距126a号营地西南约4英里，正处于从楼兰L.B遗址至塔里木河的道路上。这里，也像我们从L.K城堡和L.M城堡遗址向前调查过程中提到的例子那样，库鲁克河的古代支流在地图上仍可清楚地寻找出来。

在河床以远，我们走了约6英里，穿过了一片赤裸而又平坦的黏土地，风蚀皱沟相对较少，上面散落着稀疏的死红柳沙包和低矮的沙丘。石器时代的遗物，如加工过的石头和粗糙的新石器时代陶器，又出现于此。我们发现，从L.A城堡遗址附近4英里起这些遗物非常多见。

从罗布沙漠风蚀地上发现的石器时代的遗物中，不可能得出有关史前遗址的确切年代。但要说明的是，这些遗物不管是石器还是粗陶器，在1914年我们所走的L.M城堡遗址后面短距离的道路上几乎看不见，直到我们到达122号营地附近为止。此外，1906年我们所走的近10英里的一条捷径上，此类遗物也普遍缺乏或非常稀少。因此我认为，可能由于某些不太清楚的原因，在史前及其以后的汉代，除了沿着从 L.A 城堡遗址通向 L.K 城堡遗址，然后继续通向罗布地区首府米兰的道路，人们很少光顾这一地区。

在距 xciii 号营地约 5 英里的地方，我们首次捡到一些具有断代意义的、独特的古器物。它们是一块装饰灵活的青铜残片和一些玻璃器皿小残片。再往前走，这些明显是汉代遗物变得多见起来，其中，有玻璃珠、青铜箭头、青铜镜残缘以及各种青铜、铅和铁的小残件。它们本身无关紧要，但这些历史时期古物的重要性，在于它们所在的地区的南界，几乎呈一条线。我从 1906 年所走的道路再向西，在位于 122 号营地北 9 英里的地方首次碰见了青铜器残件以及精致的陶片这些新的发现证实了那时我作出的推论，即该地点以北的一些地方在历史上曾被占据过，换句话说，至少是常被光顾过。

离发现上述青铜饰件的地方不到 2 英里，我们看到了从西—北西向东—南东方向蜿蜒的一片洼地，那是一条古河道。在其两边有几排死胡杨树，有些仍直立着。河床宽约 150 码。从雅丹沟壑必然紧跟河流方向来看，河流的分汊方向很容易辨认出来。1906 年在发现第一批汉代遗物之前我们经过的一排红柳高包，就位于这条干河道的西—北西方向的延续线上。在河的北岸附近，我们捡到了一件保存很好的铁锥。

在这片土地后面，是侵蚀切出的迷宫似的雅丹短沟，深约 10 英尺。在这里很快就捡到三枚中国钱币。一枚有五铢钱纹，另一枚同型，但剪去较多，而第三枚钱币虽被剪过，但仍可看出货泉的钱纹痕迹，此钱币是约公元初年时由王莽发行的。再往前走0.5英里，在经过一条古河床后，我们进入了侵蚀较严重、几乎没有古代植被的地方。在约3英里的范围内我们发现了石器、各种金属残片、玻璃珠及大量的陶片。往北，在远处的地平线上可看到一排高高的红柳包。经过12英里的跋涉后，我爬上了一座高约30英尺的孤沙丘，在北—北东方向可以清楚地看到离此不远的楼兰L.A遗址的佛塔以及邻近的遗存。它们在太阳光下的情景，恰似几年前我在第二次考察途中寻找敦煌城墙时其烽燧的情景。看到楼兰L.A遗址，我又一次感到轻松起来，因为我们穿越的是一片真正的荒无人烟的死亡沙漠。

我们抵达的这排密集的死红柳包，紧靠一条古河床，河床两岸排列着枯死的胡杨树，其中许多仍直立着。河道深16~18英尺，我们穿越的河床宽146码，河道内到处是小的死红柳包，许多地方还有低矮的沙丘。这些红柳包是在河道干涸后但仍有地下水的时候堆积成长起来的。

傍晚时，驼队也赶到了这条河道，与我们会合。尽管我知道从此地到目的地楼兰L.A遗址之间的中间地，侵蚀较为严重，穿越起来十分困难，但我还是决定当晚赶到那里，这意味着不但可以为以后的工作节省出一天时间，而且对骆驼来说，也可以使它们拥有极需要的少许休息和吃草的时间，所以我们努力走在它们前头。我们走了约2英里的赤裸黏土荒地，很少碰到枯死的植物遗存，但我们捡到了大量的石器。经过1小时45分钟的艰难跋涉，在穿过了侵蚀极严重的土地以后，我们来到了另一条宽约200码的蜿蜒的干河床。在河岸上躺卧的成排的树干中，我的队员们认出其中的两棵是沙枣树。当我们穿过这条河道时，夜幕已经降临，但令我们感到欣慰的是，一轮明亮的圆月不久就升了起来。我在一个孤零的红柳包上点燃了一堆篝火，以引导远远落在后面的骆驼，同时，我们继续穿越密集的雅丹垄脊和沟壑。在月光下，楼兰 L.A 遗址的佛塔已越来越大地隐现于我们眼前。最后，在跋涉12个小时、穿越19英里的路程后，我终于又一次置身于沉寂的楼兰遗址之中。自从1906年12月在这里度过了许多难忘的工作日后，我的思绪常飞回这里。在这个熟悉的中国古遗址上，我们在佛塔前的坡地上用古代的木头燃起了一大堆篝火。此时，我长时间的焦虑得到了奇异的解脱，一下子轻松了起来。几个小时后，疲惫的驼队也终于安全抵达这里。在描述对楼兰遗址新的考察以前，我应简单地归纳一下这一地区的自然特征及与人类居住有关的调查结果，包括这一次和前一次在穿越塔里木河和楼兰遗址间的罗布沙漠的考察旅行。从塔里木终点河道向北前进，可轻易地辨别出两个主要的地带。南面的地带，从喀拉库顺沼泽地延伸至东北近40°4′ 的纬度，我们首先发现像恰依奴特库勒那样的咸水湖，每年或多或少地从塔里木河的洪水中接到水。这些湖后面有一系列的小洼地，它们只有通过长时间间歇的、罕见的洪水才能注水，由此形成的湖面因蒸发而逐渐缩小成小盐池，最后干涸。尽管沿这些尾闾咸水湖伸展出约10英里的土地，接受到足够的水汽以维持像芦苇、红柳这样的沙漠植物，但该土地的结构和特性并不适于耕种和永久居住。在东面的喀拉库顺沼泽和它们后面干涸的古代罗布泊湖床的盐壳包裹的荒地，在春季洪水泛滥时，塔里木河的洪水仍可能抵达其边缘。在西面直至北南向的塔里木河的整个地区，都覆盖着高沙丘。

在洪水极少渗入的这一地带的北界附近，我们遇见了一小块暴露于风蚀之下的土地，那里活着的植物极少。第二个地带是由一排干枯时间不长的小湖组成的沙漠。在这里，风蚀吹积沙是决定这块地方现存地貌的主要因素。这一地带被侵蚀得非常严重，主要归因于从东—北东方向吹进这一地带的强大风力和非常频繁的风蚀，以及靠北山和内蒙古裸露高原的"呼吸"而吹入这个塔里木盆地最底部的东—北东的强风力和高频率。更进一步地说，土壤性质亦使得侵蚀变得非常容易，因为这里是塔里木盆地底，沉淀着可能自第三纪以来这个巨大的内陆湖形成的黏土。

除风蚀土壤外，干涸的古河道的两岸有长条形的死树林，是这一地带最突出的地貌特征。其方向确切证明它们是曾经东流的盐壳包裹的库鲁克河三角洲大荒地的一部分。罗布泊盆地边缘干枯了的沼泽是该地带的东界。向东，该地带邻接的是大沙丘覆盖的地区（也是库鲁克河古三角洲与塔里木河边地带的分隔带）。向北，它直接延伸到库鲁克山的缓斜坡，从而也包括了调查范围之外的、楼兰遗址北面的部分古三角洲。

上述地带上人类居住的遗迹使我们可以分辨出三个地带。最南面的是 L.R、L.M、L.L、L.K 城堡遗址一线，由西北向东南方向延伸，我们已经获得了明确的考古学证据，即是石器时代史前遗存与楼兰遗址遗存同时的居民点遗址，它们也许一直幸存到公元4世纪之初。这些遗址表明，库鲁克河在这一地带的支流或最南的支流在公元初的几个世纪中曾经有水源。不管怎样，历史上受灌溉的河边地带一直很狭窄。

在北面的第二个地带内，也能找到断断续续的古河床，但人类居住的证据是石器时代的遗物，它们出现的频率比北面、南面的邻近地带要小。这一地带的宽度，粗算一下有16~17英里。我们有理由推测，在最早的历史时期内，这一部分古三角洲用于耕种和永久居住的供水严重不足，因此很快就枯竭了，致使洼地及古河床长时间暴露于风蚀之下。

第三个地带从纬度40°22′向北延伸到库鲁克山外围丘陵的砂砾缓坡。这一地带内有1906年考察过的楼兰遗址以及1914年找出来的同一时期的遗存。它们都提供了清楚的证据，说明库鲁克河北支流中的一两条支流，至少在公元初的几个世纪中有足够的水量以供灌溉。此外，在这里也发现了石器时代的大量遗物，说明在史前时期，这个地带也拥有足够的供水，使得游牧活动成为可能。根据在那些遗址不远处发现的钱币及另外的可大致断代的遗物判断，似乎可以肯定，那时这里的自然环境与现在的塔里木河边地带较为相似，可进行渔猎、游牧生活，这种情况一直延续到公元4世纪早期，即楼兰及穿过那里的古道最后被废弃的时期。

第二章

古楼兰遗址

第一节　再次在楼兰遗址及其附近探险

我直接回到楼兰的目的，是寻找7年前由于时间紧张而未调查的附近风蚀地中的遗址。为了让这个计划有成功的把握，我们决定在楼兰这个古交通站扎营，以便深入调查原先没有考察过的邻近地区。因此，2月11日早晨，我们到达楼兰之后，除了一些被用于向东北方向扩延调查的骆驼，其余的骆驼均在托乎提阿洪的引导下，赶往库鲁克山最外层山脚下的阿勒提米什布拉克（意为60泉眼——译者），去享受几天有绿草和冰川咸水的生活。

由此向北和东北方向，对于阿弗拉兹·古尔来说也是完全陌生的，但我更加坚信在这个地区进行调查的必要性，我希望能找到一条来自敦煌的要道的蛛丝马迹。凭以前的经验，我充分相信，有着旺盛的精力和敏锐的观察力的阿弗拉兹·古尔定能胜任这次调查工作。我自己则留在楼兰开始着手在遗址上做一些有用的工作。上次调查时，因为有些古迹埋藏太深或其他原因，在匆忙中被遗漏了。这一次，我们有了弥补缺憾的机会。

正是这次新调查，加上我第一次调查的经验，使我在东边的一些风蚀遗址中找出了曾围住这个中国交通站的城墙位置。因为遗址早在公元4世纪就被废弃，一直遭受着强烈的风蚀，所以我现在描述的内容很难超过1906年的记录。那时，我认出了少量遗物及因处背风位置而幸免于完全风蚀的两道东—北东到西—南西走向的墙址。与这些墙成直角的围墙，我以前未能找到，但在这次仔细的调查中也得以确认。

在描述古废墟中最新考察获得的遗物之前，对我在遗址拍摄的图片作一个简要提示，这样理解起来就会方便一些。图15中心位置显示的是衙门式的大建筑遗存(L.A.Ⅱ)，稍远处是 L.A.X 佛塔。图16右侧完全风蚀的低地上，干枯的红柳覆盖着一座三角形小土堆，引人注目。这非常重要，因为由于风蚀，这类植物遗存的层位远比古代文化层低，这给遗址废弃几个世纪、活植物失去掩蔽后湿度曾一度得以恢复提供了证据。处于 L.A.Ⅱ 遗址南面中心位置的干枯红柳层位更低，生长时间大概更晚。一些建筑遗址周围凹陷的风蚀地面，要比公元3世纪时的原生地层低30~35英尺。

12月12、13日，我派出一些队员分别去四周寻找尚未找到的遗址，与此同时，我和剩下的民工们则留在遗址内清理垃圾层。

图 15 楼兰 L.A 遗址的西城墙遗存

图 16 楼兰 L.A 遗址的西城墙遗存

在一层浅沙下，我们发现了一大堆芦苇和其他遗物，厚2~3英尺。我们从中发现了书写在木片或纸上的大量汉文文书，其中包括几张完整的纸片、四方形汉文木简残片、一张有早期粟特文字迹的纸片。还值得提到的有：一个木盒；一只精致但多补丁的皮鞋；一块鞘状的丝织品；鱼骨以及许多丝绸和织物残片。另在遗址西面附近的一处建筑的木骨灯芯草编墙中发现了一些汉文木简。

受这些发现的鼓舞，我在 L.A.VI 和 L.A.III 之间仔细地搜寻，又找到了一个大面积的垃圾层（L.A.VI.ii），乏味的劳动得到了丰厚的回报。从这个大垃圾堆中发现的各种器物中，必须特别提到的是保存较好的一块饰有花纹的机织织物残片、一个丝绸小包、各种木器和一件绿釉陶器等。

原来没有观察到的大量垃圾遗存，在位于 L.A.VI 南部的大型居址 L.A.IV 附近找了出来。在这东南的垃圾堆 x 中，有几件汉文文书（其中包括一大张保存极好的纸文书）被找了出来，在此处和居址的西部与西南部的垃圾 xi 中发现的各种各样的物品中，有一件是驴鞍板，一些羊毛织品残片和毛毡，与敦煌长城汉代典型陶器很相近的一件网纹陶器。

在衙门式建筑 L.A.II 主墙北面的长条形地上，有土坯垒砌的 L.A.II.ii~iv 的后墙，我发现了上次遗漏的一些遗物。尽管被侵蚀，但在夹杂骆驼粪、芦苇草秆的地层里，还是有一些有趣的东西被发现。精美的木骨编枝墙的房间 II.vi 在1906年时引起了我的注意，它有高筑的座台、镶嵌式的窗户。在这间房屋附近发现一些损坏很厉害的灰泥壁画残片。这些壁画残片的意义在于它含有麦草，这是当时交通站附近有农耕的明显证据。在此地还发现一件刻纹木框架残片，重要的是，框架的菱形纹中填有与楼兰 L.B 遗址和尼雅木雕上流行的装饰风格相近的四瓣花纹饰。

我们还在 vi、vii 屋的墙外发现了一些有趣的纸文书，除了许多汉文文书（包括三件大的），还发现两小件早期粟特文书和一件用还未解读的文字书写的文书残片。后一件上拉长的奇特文字，使人想起传说中白匈奴钱币上的文字，我们对文书残部仔细观察也未能解读出来。在邻近 L.A.II 主墙西端的垃圾 xi 中发现了一些汉文纸片，在邻近的建筑 L.A.III 附近还捡到方形的佉卢文简牍。值得提到的是，在重新检查居址 L.A.I 所在的阶地斜坡上的垃圾时，发现了一件完整的汉文文书，还有贴在一起形成彩绘装饰背面的一些汉文纸片。类似的用汉文书信贴成的纸板，我在初次考察时就曾发现过。

同我上次考察时一样，在这处交通站遗址附近的塔提类型的风蚀地上发现了大量的小器物，它们是派出去寻找其他遗址的民工们捡回来的。在总体特征上，这些小器物与1906年的同类发现物相似，提供了最直接和更多有意义的证据。

所有文物中最重要的是一块完整的铜镜及另两块铜镜残片。铜镜的装饰图案中有汉字，因此无疑来自东方。此外，还发现了青铜戒指、尖头饰、铁器残件、嚼子、木鞍、玉佩带等各种文物。

在该地及附近的风蚀地上，辛苦搜寻到的遗物的数量远不如上次的多，这一点也不奇怪。然而，总数为56枚的钱币中，除3枚有货泉钱币名外，其余均为五铢钱。许多钱币被剪去边缘，但大多数还有"五铢"二字（共32枚），其余是未刻铭的钱币。这些货币的类型和比例与以前在L.A.III~L.A.VI遗址上发现的大体相应，更证实了我之前的结论：这种类似辅助货币的剪边币的流通时间，比中国货币专家估计的要早得多。

第三天晚上，阿弗拉兹·古尔结束了对北部及东北部的调查，回到我们在楼兰L.A遗址的大本营。顺便说一下，他对东北方向重要遗存的描述真是令人鼓舞，为我寻找楼兰到敦煌的中国古道提供了线索。我对他的图和报告非常满意，说明考察楼兰L.A遗址周围的小组带回来的消息是可靠的。据他们的消息，他们遇到的两处遗址，与塔提型遗址或我已调查过的遗存有所不同，都距楼兰6英里，可以进行发掘。他们所说的东北部的古墓地也可在以后进行发掘，因此我应移到东北部更远的遗存上去。而东—南东方向居址上的调查工作只能放在2月14日，同时，可在楼兰L.A遗址做一些辅助性的工作。

L.D居址距楼兰L.A遗址2.5英里。我们走近它时，风蚀影响渐不明显，雅丹地形高度降至6~8英尺，顶部时常能发现枯苇地（我要说明的是，在南部的一处古河岸的低沙脊上也可见到枯苇）。在近遗址处，我发现有几棵古红柳树干的顶部枝条还活着，这说明，相比北面的三角洲来说，这里的地下水可使植物存活得更长。

L.D是一个大居住遗址，其房屋用胡杨木建成，篱笆墙用竖立的红柳条构成，木质均已朽，但现存高度仍有1英尺多，使我对房间的布局有了清楚的了解。这里的地面侵蚀深度仅5~6英尺。红柳篱笆墙使屋内的流沙面低于墙外，但清理屋后发现遗物极少。其中，最重要的是长方形佉卢文简牍，尽管已经褪色和腐朽，但其形状与尼雅和楼兰的许多遗址出土的那些佉卢文简牍相一致。因此，毫无疑问，居址的使用时间与楼兰遗址相同。

除木器、角质勺、铁锅残片外，遗物多是铜饰残片、玻璃珠和石器，绝大多数小型器物是在废墟周围的斜坡上捡到的。值得一提的是，一块铜镜残片背面有中国风格的装饰；最北面的屋外沙土中的一个大型陶器；一个陶器的肩部和残边，可看出胎的厚度与硬度。阿弗拉兹·古尔在上次对地表的考察中，在居址附近拣得一枚奇特的中国铜币，保存良好，两面有不同的铭文，应属于元延年间的钱币。这个年代的判断，也可被佉卢文完全证实。在L.D附近共捡到20枚铜币，均为五铢型，其中一半是较小的剪轮钱。

由L.D向南0.5英里，排排或卧或立的干枯胡杨显示出大体呈西南—东北走向的干涸的风蚀古河道。近河道的风蚀地上的一些红柳包，上面有一些红柳还活着。河床约25码宽，不超出7英尺深。河床内还有几处活着的低矮灌木，阿弗拉兹·古尔发现，地表特征和他向东直到他的营房xciva前进时所看到的一样。他在前往那里和更东北部的途中，捡到一些金属器、石器和12枚中国钱币。后者包括一枚货泉，其余均为五铢型，有的有文字，另一些剪边。他在 L.D 以远没有遇到建筑物遗迹，直到离营房 3 英里处，才遇到在雅丹上完全风蚀的古居址 L.G。在此发现的一件木盘足，与古墓地出土的同类器物很相近。

在 L.G 以远，地表由带有死植物的风化的黏土，变成了结有盐碱硬壳的土壤或粗沙。我不能亲自踏访此地，但我想，可以把 L.G 附近作为这一地区的东界。可以设想，在公元初的几个世纪中，这一地区的物质条件当与楼兰一样，因此是一个能够长期定居的遗址。在 L.G 附近，我们可以寻找到库鲁克河三角洲（以古河床的形式出现）的东端。结有盐碱硬壳的荒地向东延伸，也许构成了大盐泽的前滩；在此荒漠之地，在贯穿楼兰的古道废弃之前，库鲁克河的水就已断流。我很快熟悉了此地的自然特征，它比古三角洲的风蚀沙漠还要荒凉。

第二节　古墓地出土的遗物

我们在楼兰遗址的营地停留了四天多。这几天，天气对我们的测量颇为有利。气温虽然很低，但除了稍有些刺骨的东北风，几乎无风，使我们并不感到特别寒冷。绝大多数时间空气比较清纯，向北望去，宽阔的黄色雅丹和灰色的砾石缓坡以及上面的库鲁克山南部支脉的棕红色轮廓清晰可见，对我们调查古河床十分有利。2 月 12 日晚上和次日早晨，我甚至可以清楚地辨认出远在南方、从巴什库尔干延伸到江罕萨依源头的昆仑山雪峰。这使我大受鼓舞，我希望如有可能，在今年或明年冬天，用经纬仪从以前昆仑山山脉最北部支脉地区的三角测量点，引出几条测线，以此把我们的三角测量工作从那里向北推进，越过罗布沙漠边缘，直至库鲁克山的三角形地带。

遗憾的是拉尔·辛格没与我们在一起，没能享受到良好的天气条件及利用经纬仪进行测角定位的便利条件。他迟迟未到，使我着急万分。夜里，我们在废弃的佛塔上点起篝火，以期引导他从库鲁克河找到我们的营地，但这一切都是徒劳的。不知他未能按期来到的原因是沙漠之旅的艰难还是受到阻挠。由于他不能及时到来，我的计划也难以实施。

我虽然担心，但认为目前对阿弗拉兹·古尔调查过的东北部的古代遗存的发掘工作不能受到影响。我决定在2月15日出发前往那里。这时，在阿勒提米什布拉克休养的骆驼还没有归来（约需三天），交通工具非常缺乏，但时间已不允许我们再延迟。两个罗布民工因劳累和辛苦而感不适，因此被作为病号，留在营地中由忠厚的依布拉音伯克一个人照看（伯克还负责照看我的冰窖）。其余的人则带上随身行李和必需的食物、冰随我前往发掘地点。

那天黎明，天气阴沉，有风，但我们的路线与雅丹地貌的总体走向大致平行，所以行进十分顺利。走了约1英里后，地面上升了12英尺，风蚀现象明显加剧。再往前走，地面高度有所降低，但渐渐变宽变长。沙子很粗，说明风蚀效应十分强烈。一些石膏和白垩碎片变得常见起来，它们都是来自更远的东北面。当来到距L.A遗址2.5英里的地方时，可看见散布的大量陶片，路上还捡到一些铜片和石器。由此前行0.5英里，有倒伏的胡杨树，标示这里是古河床，雅丹地貌上仅存干枯的植物，偶尔也可遇见陶片。最后走过6英里后，我们来到了阿弗拉兹·古尔所说的古墓地，陶片又多了起来。

初看古墓地所在的台地（高出周围土地约35英尺），我便感到它在大小、特征、方向等方面均与熟悉的雅丹地貌有所不同。如图17所示，台地长56码（东北至西南方向），底最宽32码。与雅丹地貌相似的是，台地迎风的一端非常陡峭，而另一端则较缓斜。但是，它的高度、周围较平坦的地面及南北的长度，与常见的雅丹大为不同，足以证明它在地质构造方面与雅丹地貌不同，实际上是位置最西的台地（我们不久后在古罗布湖床北岸与东岸见到了许多类似的台地）。最初引起我注意的是，台地的地面为盐碱土，比周围土地坚硬，因此风蚀主要发生在台地顶部边缘（雅丹地貌中，风蚀发生于雅丹的底部）。总的来说，台地顶部缺乏建筑遗存，显然，这块台地现存高度这么高，并不是因为它有厚重的建筑物的保护，而是早在古代时就高出周围的地面了。

我从一开始就认为，正是因为这块台地较高的显著特点，所以在早期历史时期，当湿度与植物能保护临近土壤时，它便被人们用作一块墓地。一些墓坑半露于台地顶部边缘，一眼便能认出。但在其下面的土坡上没发现什么遗物，大多数随葬品应仍埋藏于墓葬之中。假如台地顶部的墓葬仅是原来墓地的剩余部分，那么，在台地斜坡及附近风蚀地面上，应能找到一些较坚硬的遗物，如金属器、人骨、棺木等（正如在其他风蚀居址附近总能发现建筑遗物那样）。然而，紧邻的地面上却毫无塔提的现象。

根据搜寻小组的报告，我最初只希望在这里发现风蚀后残余的一些遗物，但粗粗一看，我便发现高台顶上仍保留着许多墓葬，这使我感到格外的高兴。有些墓葬位于台地边缘，已受到一些侵蚀，但其他墓葬几乎完整，未被破坏。墓坑的边缘均立粗的红柳杆作为标记。接下来的考察表明，墓口有一层苇草（已几乎全部露出）。在背负沉重行李的人们还没有来到之前，我检查了台地边缘地区部分受侵蚀破坏的墓穴，对暴露出来的古物感到比较满意。我看到，人骨与腐朽棺木裂板之间，有一些精美的丝织品残片，其色彩虽长期暴露于阳光和风蚀之下，但仍非常灿烂，实在是令人欣喜的一个奇迹。

我希望在墓中发现其他一些未被腐蚀的丝织品。其中最令人惊奇的是一件未被侵蚀过的丝织品残片，我清楚地记得，它在图案和色彩（深黄、深蓝色）上，与敦煌长城 T.XV.a 烽燧遗址垃圾堆中出土的一小块纺织品（被大量的汉文纪年文书证明，属公元前1世纪中叶至公元2世纪30年代）非常相似。所以，L.C 墓中的这件发现物，使我立即意识到，墓葬的使用年代可上溯到汉代。

我的愿望很快得以实现。民工们到达后，很快就开始清理墓葬。起初是清理台地顶部边缘，然后是中部的墓葬。顿时，我的面前展现出了古代的宝藏，但印象深刻的是墓葬埋葬得十分混乱，令人困惑。除了第一次快速检查的内有棺材及死者的稍规则的半风蚀墓葬，其他墓坑出现的是散乱在一起的人骨及棺材的碎板，还有个人的生活用品，如与死者在一起的有纹铜镜、木梳，放置供物的食用木盘和杯、木兵器模型等，在它们上面是各种各样精美的织物残片。其中，有纺织得非常精美的彩色丝绸、优雅的刺绣和绒绣残片、磨损的绒毛毯，还有大量的粗毛布、毡块及棉布。无疑，所有的织物材料均来自中国内地，或为汉人使用，纸和木简上的汉文文书可证明这一点。

我们不久就弄清了各种织物残片为什么附在同一骨骼上，这些布片是墓主人生前长期使用的衣服的碎片，墓主死后，被用作包尸布。所有织物都磨损撕裂，然而尽管被埋于沙土之中，但保存极好。与此相反，我们却没有发现一具完整的骨架，所有人骨架都因包裹得过于简单而未能得以很好保存，显露出风化腐蚀的迹象，这表明人骨在最后放入墓穴前已经长期暴露过。不久，各种迹象使我意识到，这些墓穴中的遗存，一定是汉人在最后废弃楼兰之前，从风蚀、损毁或因类似原因面临毁灭威胁的旧墓中收集来的。

其他遗址上的考察结果可证实上述的结论，并对此地文物的断代提供证据。但我在讨论它们之前要先说一下墓葬的分布。如平面图所示（图17），台地顶上的墓葬分布很不规则。如上所述，一些墓葬已部分地暴露在长圆形台地边缘，其余则多位于台地中

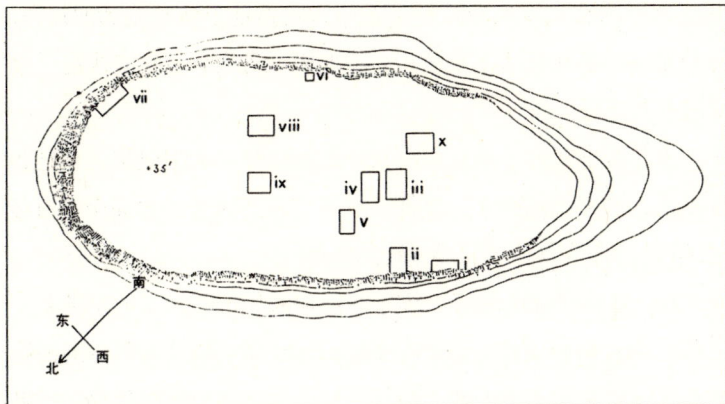

图17　L.C 台地及墓葬

央。墓坑呈方形或长方形，挖入台地的盐碱生土，深5~6英尺。
墓口清晰，长宽保存完整，面积从墓 v 的40平方英尺到墓 iii 的
70平方英尺，大小不等。除了2月15日我到此后清理的墓 i~vii，
两天后在返回时又新发现了三座墓葬（viii~x）。此外，为寻找墓葬，
还在台地顶部的东北端做了较浅的发掘，这里除流沙外我们一无
所获，说明这里从来没有被用过。

　　墓口覆盖着苇秆，苇层厚1~1.5英尺，像是二次葬时放入的。
这些苇秆看似很脆（易碎），但足以保护墓葬不受风蚀，这是我在

塔里木与疏勒河盆地沙漠地带上的古代遗址上经常见到的现象。比芦苇层稍高几英寸，墓坑边上有间隔地置放着几排红柳棍，固定这些芦苇层。

由此可推断出，在这些二次葬的地方没有大型建筑。台地顶部平坦，这表明这里在二次葬后没有进行过建筑，也完全没有任何风蚀的潮湿（仅此就可毁掉建筑遗存）。

L.C 墓中的遗物无疑是从那些面临破坏或已裸露的早期墓中收集来的。可以肯定，这与中国人至今广为流传的习俗相一致。在涉及汉文文书之前，我可以用我所知的中国人在喀什噶尔、叶尔羌、和田等地汉人墓地建有停尸房的参考资料，来支持关于台地墓葬的观点。至于原墓葬的埋葬习俗，从我后来对楼兰和相邻地点的考察材料中可以看出。

在使用年代应相当于楼兰的使用年代的 L.H 古墓地上，我发现其中有用破衣片紧包着尸体的许多棺材，年代应在 L.C 墓之后。那里也是以生活用品、明器等物居多，特征与 L.C 墓中的器物相似，置于死者身旁。具有启示性的是一些棺材，三个或多个成一组，在高地（以防潮湿）浅坑埋葬后进行棚盖，与当地的典型房居相一致。[1]当死者生前的住房受到侵蚀时，浅坑埋葬后的棺材与随葬物（在L.C墓中发现的那些）也开始受到同样的侵蚀，然后它们被集中到公共的墓坑之中。我在1915年3月考察库鲁克河最上游的营盘遗址时，发现了与楼兰大约同时期的汉人墓葬，它们由于位于库鲁克山缓坡上的砾石地上，因此免受风蚀。在这里也一样用生者不再使用的破衣片紧包尸体，这种习俗在以前考察的吐鲁番阿斯塔那中国式土坑墓（属早唐时期）中也有大量发现。阿斯塔那墓地比我们现在讨论的遗存要晚几个世纪，这表明，中国的这种埋葬风俗虽间断过，但大体延续不变。

由此可知，墓葬覆有棚盖，原是用来保护墓葬，使之不因灌溉或被淹没而受潮，但这样就使棺材和随葬品长期处于无穷尽的流沙的破坏性侵蚀之下，因为自古代起周围赤裸的荒地即任由风沙侵蚀。我在楼兰遗址和其他地方的观察表明，未受保护的地表层，在风蚀下100年就会降低1英尺。因此，原来年代在公元前后一个世纪的浅墓中的遗物，在公元3世纪后半叶就面临完全毁灭的危险。这使人联想起平坦沙地上隆起的台地及台顶上的各种遗

1　在此指出把棺材置于棚屋并部分或全部埋入地下的方法很有意义。L.H棚盖墓葬与中国古籍上记录的最早期的葬式十分符合。中国最古老的墓葬是从原始风俗发展而来的。这种风俗是把尸体放在生前居住的简易泥木屋中，其古老的葬式对汉墓很有影响。后来，甚至至今在帝国北部和中部的一些省份，还有些墓像古代的茅屋，起圆形的土堆，其中的棺材多不埋入地里，人们甚至不会忘记铺上芦苇、灯芯草或席子。

物。这处台地之所以被选择为埋葬地，是因为在楼兰附近的居住地周围的台地中，这处台地位置最近、最方便。它无疑也是中国古道上一处显眼的标志。

上述结论具有一定的考古学意义，它可使在 L.C 墓出土的遗物，特别是许多重要的古代织物的年代向前推，即在约公元 4 世纪后半叶。至于 L.C 墓二次葬的发生年代，目前仍不能确定。但从这里出土的、马伯乐仍在释读的一些汉文文书残片，无疑将有助于我们准确断代。必须指出，从楼兰出土的纪年汉文文书（公元 263—270 年）来看，沙漠古道和它西端的交通站在那时，正处于繁忙的交通全盛期。

由于年代的间隔，而且遗物已混于 L.C 墓中，所以初葬的时间难以确定，但这些间隔不可能很长。通过直接观察，L.H 遗址（如从遗物腐蚀程度、依旧使用原址、暴露的人骨、布片的腐蚀等方面来看，与 L.C 墓无显著差异）的遗物一定是被收入了他们最终埋葬的墓地。显然，两地遭受的风蚀破坏性差异很大。

不管怎样，墓葬的断代，可参考公元前 2 世纪最后 20 年间楼兰道开通的直接证据。同样可以肯定，公元前 1 世纪，即西汉后半期是帝国商业与军事西进楼兰的全盛时期。当玉门关直达后车师（即吐鲁番北的奇台或古城）的新北道开通后，楼兰道的重要性在公元 2 世纪时降低了。无疑，汉朝在西域失去权威、汉朝与匈奴间的长期战争及公元 9 年王莽的新政策，严重地阻碍了中原与楼兰的关系。当公元 73 年东汉向中亚再次扩张，再度有效地控制了西域长达四分之三个世纪，其扩张是由此道并经过新获取的哈密基地向前推进的。自此以后，这条虽远但无险的道路一直是中原与塔里木盆地的交通主线。

楼兰 L.A 遗址出土的文书表明，尽管楼兰道的重要性大大降低，但仍有小队的中国驻军（公元 3 世纪）。与敦煌的交通量无疑减少了许多，但一直维持到公元 4 世纪后半叶。所以，L.C 墓的年代范围只能宽定，即从公元前 2 世纪末至公元 3 世纪后期。为使年限更确切，我们须从文物本身寻找证据。幸运的是，证据不仅仅限于极少的汉文纸文书（纸是公元 105 年发明的，这些纸应晚于 105 年）。我们还可以从考古材料中寻找证据。有些古织物（在墓穴中发现的古物）虽不是最常见、最重要的，但年代较早，这就是我们在分析发现物时最先看重这些遗物的原因。

第三节 L.C 墓出土的织物

通过对 L.C 墓发现的死者遗骨和其他墓地的观察，我们可把 L.C 墓发现多种多样的大量纺织物归因于用旧衣服包裹尸体的习俗。例如 L.C.iii.017、vii.07 是几种不同纹饰的丝绸缝合成的同一件衣服，这一事实表明它们在用作包尸布前已被使用了很长时间。

有关这种习俗的起源及意义的研究，我想留给更有能力的汉学家去做。不管怎样，没有这种习俗，我们就不能指望发现如此丰富的织物。其中汉代或稍晚的织物，多分布在中国人向中亚发展的古道沿线。事实上，对我们来说，这些破衣片曾属于哪件衣服的特征不很重要，重要的是各种织物的工艺、保存状况。

如果按质地材料对这些织物进行分类，我们立刻会注意到它们绝大多数是丝织品，或素面，或有纹饰。下面，在讨论丝织品的纺织技术、方法及纹饰主题等重要方面之前，我们将首先讨论 L.C 墓出土的其他材料的织物，其中包括毛、棉、羊毛织物。

羊毛织物不少，在数量上仅次于丝绸。鉴于塔里木盆地羊毛织物自早到晚始终占有重要地位，应有理由认为全部或大部分羊毛织品为当地所产。特别要指出的是，由于安德鲁斯先生已就纺织技术和纹饰方面，对千佛洞的纺织物作了有价值的分析和描述，所以我可据此直接辨认出 L.C 墓出土的各种羊毛织物。除平纹织物外，有些织物应为棱纹（条花）平布。有一种非常坚韧的绳类织物残片，是缩绒厚呢，手感柔和光滑。

鉴于 L.C 墓和楼兰 L.A 遗址出土的丝绸织物中总体上缺少斜纹，因此值得指出的是，L.C 出土的羊毛织物中，除了两件菱形花纹是用变化了的斜纹织法织成，至少还有两件一般的斜纹织物。一些精美的花毯织物也同样重要。

同时，应当指出的是，这时候花毯的希腊化特征与后者（指织锦——译者）的非中国化不同。这两种织物的装饰风格的差异，有力地支持了关于上述毛织品从总体上来说为当地所产的观点。

绒毛毯残片尽管数量很多，但不清楚其装饰纹样，无法确定其装饰风格。但是，在几块残片上可认出锁勾的纹饰带，有一块毛毯残片可辨出菱形纹饰，另一块可看出风格化的花朵纹。所有残片均有各种颜色。在结构方面，它们非常接近在楼兰发现的毛毯残片，很有可能也产自塔里木盆地。

由于棉织物在数量上少于毛织物，因此无法确定有些织物是棉还是麻。麻在塔里木盆地非常常见，专家分析，楼兰遗址织物中应有麻织物，但在那里发现的许多织物，经汉诺赛克博士鉴定，其质地为棉。所以，我们对 L.C 墓出土的织物的分类总体上应不会有错。在棉织物中，流行平纹织法。但有两块残片被描述为斜纹棉布，估计应是一种斜纹纺织结构。L.C 墓出土的少数绸缎上的一种经畦组织的变体，似乎也见于上面有菱形纹饰的棉布上。最后提到的标本是发现于衣服内衬上的毛毡。

不管怎样，更重要的是丝织物的质地、工艺、装饰艺术等方面。丝织物的盛行上面已经提到。考虑到这些织物的发现地点及使用年代，我们可以推测，这些丝织物无疑是从中国内地输入的。事实上，这些丝绸就发现于中国人首次开通的交通道的沿线（如 L.C 墓集中出土各种典型的贸易丝绸标本，我们今后将很难找到像它这样具有代表性的遗址）。通过这条重要的交通道，中国人直接与中亚交往并同遥远的西方进行贸易，时间长达数个世纪。可以说，丝绸在中国向西发展的过程中起到过至为重要的作用。

同样重要的是这样一个事实，即这些丝织物的发现，翻开了纺织工艺史上的一个新篇章。自从中国丝织品赛里斯首次到达古典西方以后，中国就以丝绸而著称，而有关丝织品的更早的历史则鲜为人知。当这些丝织品初次从荒漠中暴露出来时，我尽管只是匆匆看了一眼，但立即就被它的绚丽多彩所打动。

在中国汉代丝织技术和艺术的研究方面，安德鲁斯先生曾精心考证并发表了他的重要文章《中国古代纹样丝绸》，文中记录了他对一些典型织物的初步研究结果。安德鲁斯先生还亲手绘制了详图，清楚地显示出那些织物具有强烈的中国风格，他还对织物中纹饰主题的起源与发展做了许多重要的研究。

虽然许多织物仍有待于清理并请经验丰富的艺术家进行鉴定，但安德鲁斯先生已经提供了足够的材料，所以我在此对L.C墓出土的丝织品进行概括就有了坚实可靠的基础。安德鲁斯先生为楼兰丝织品的工艺研究提供了大量的信息，其中几种装饰法和具有奇异特征的图案以及对工艺及风格的观察，不仅为我解释某些考古材料提供了方便，而且也有助于确定这一遗址或其他地区织物年代的上下限。

对于楼兰丝绸的织法，安德鲁斯先生的检查引出了两个重要的方面。就素面（即无纹饰）丝绸而言，始终使用各种平纹织法，即技术上所谓的畦或条花织法，这种织法所用的纬线比经线粗，由此产生横向的经畦效果。就L.C墓出土的纹样丝绸而言，安德鲁斯先生在上述论文《中国古代纹样丝绸》中已提到这样的重要事实，即除了有一块罗纱纺织得较为稀疏，其余织物用变化了的经畦组织法织成。简单地说，因为每平方英尺经线的密度远大于

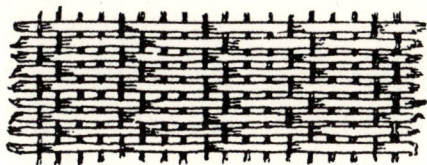

图18 L.C 墓出土的织物

纬线，以及交织法的特殊次序（太技术化，此处难以详谈），织物横向起畦。这在扩大了的组织结构示意图（图18）上可以看得更清楚一些。由于经线起花，表面缎纹暗而单调，因此畦不很清楚。L.C 墓出土的珍贵的锦缎上也用了这种织法（图18）。

楼兰纹样丝绸只用经畦织法有其特别的意义。斜纹织法最有用，非常适于织出花纹图案（无论是绵缎还是多彩织物），但在 L.C 墓出土大宗的纹样丝绸中，完全不见经畦组织织法。不过，恰如安德鲁斯先生所述的"据设计者的观点，在所有织法中最有价值"的经畦织法，在千佛洞和阿斯塔那墓地的大量中国纹样丝绸中却有丰富的表现。后者可以肯定属唐代初期，而同样可以肯定的是，千佛洞的大量织物的年代不在公元907年唐朝灭亡至公元11世纪早期千佛洞最后封闭这一段时期内。

另一方面，我们有重要证据。我从敦煌汉长城发掘的所有纹样丝绸残片中，有两块均用经畦组织织成，其年代分别为公元前1世纪或公元1—2世纪。千佛洞宝藏中的一块织物也体现出这种织法，它的图案特征与汉长城的那些织物非常相似。

由上述讨论似可得出一个较为可靠的结论：斜纹织法在汉代及随后的一个时期内还不为中国纹样丝绸的织造匠们所知，随后各种经畦组织的织法渐渐被使用。至公元4世纪到6世纪后半叶这一时期，更方便的斜纹织法兴起。由此可见，纺织技术的应用发展也可作为中国纹样丝绸的断代标准。

我们没有直接的依据来断定斜纹织法最先起源于何地。但根据至少4块毛织物和几块棉织物所用的各种斜纹织法可以推测，这种织法可能起源于中国的西部地区。此外，塔里木盆地在各个时期均大量出产羊毛并用作纺织材料，而且，从L.C墓出土的所有羊毛花毯在其装饰风格上都显示出强烈的希腊化影响，这两点也可说明斜纹织法源于中国西部地区，因此可以这么认为，在中国丝绸手工业采用斜纹织法以前很长一段时间，塔里木盆地的织工们便已采用了斜纹织法。另一方面，我们要注意的是，在敦煌长城出土的中国匠人纺制的棉毛织物（年代比L.C墓出土的同类织物早或同时）中，我未看出已用斜纹织法的迹象。

在丝织物装饰技法中，图案或纹样的交织法是最普遍的。除了几块单色锦缎，所有的纹样丝织物均多彩。在织物上使用的所有颜色都非常和谐、协调。这些优雅的丝织物最充分地体现了中国汉代或汉代以前的丝织工艺的高超水平及完美程度。L.C墓出土的纹样丝绸几乎都使用多彩装饰法，这和千佛洞的花绮和罗上大量出现的单色纹样形成了鲜明的对比。我们也许可以承认，这种差别是由于后来在单色锦缎的纺织中引入斜纹织法而引起。

在 L.C 墓出现大量精美的花毛毯的同时，我们发现，在 L.C 墓所有的丝织物中不见缂丝（缂的织法技术最接近于机织技术），使人颇感奇怪。缂丝的缺乏可能纯属偶然，因为千佛洞少量的缂丝织物中有一两件标本明显具有早期风格。或者是不是可以斗胆地猜测：这种在织机上用针编织的手工技术来自西方？因为公元前 6 世纪亚述浮雕和希腊花瓶装饰表明，这种技术在西方早已存在。

最后谈一下在成品织物上进行装饰的方法。我们发现，一些重要的丝织物上有刺绣，其工艺是用链针法精细巧妙地在织物上钩刺出图案花纹。这种富有特色的中国针织技法自古一直延续至今。千佛洞和阿斯塔那唐墓里的许多刺绣织物多用具写实色彩的花草图案，这使得它们看上去带有一种奇怪的现代感。与刺绣技法相近的一块大红丝绸上缝缀有金属小珠。此外，有两块刺绣织物的两个小丝袋上，用许多彩色的小丝片拼缀出几何形的图案花纹。

第四节 L.C 墓出土织物上的装饰纹样

L.C 墓出土织物的质地、工艺与装饰手法具有重要的考古学意义，而研究丝织品纹样以及风格影响更有意义。因为摆在我们眼前的这些织物是目前已知最早的一批中国艺术织物标本。图19、20是安德鲁斯先生精心挑选的代表性织物及他细心描绘的花纹线图的照片，它们胜过任何注释和分析，充分体现了这一时期在构图与技艺方面达到的完美境界。

年代较早的织物及那时中国垄断丝织品的生产，使我们了解到纯正的中国装饰风格。然而，如安德鲁斯先生在关于丝织物文章的导言中所述，检查后的第一印象是这些织物"与我们熟悉的织物大不一样"。然而，仔细一看，我们就会立即意识到它们"综合了不同材料上的装饰纹样，首先是汉代墓葬石雕纹饰"。所以，需做的有意义的工作是：一方面，我们需要找出这些织物与大体同时期的雕塑和早期中国雕塑艺术遗存的联系；另一方面，也需要寻找早期织物图案对正仓院藏品及千佛洞中唐代纹样丝绸纹饰的影响。但在这里我们并不奢望立即着手此事，或者对楼兰纹样丝绸的主题风格进行系统的研究。

以下主要对丝织物图案的类型和组别进行区分，简要提示每件织物的主要特征并提供相关的材料。我主要依靠的是安德鲁斯

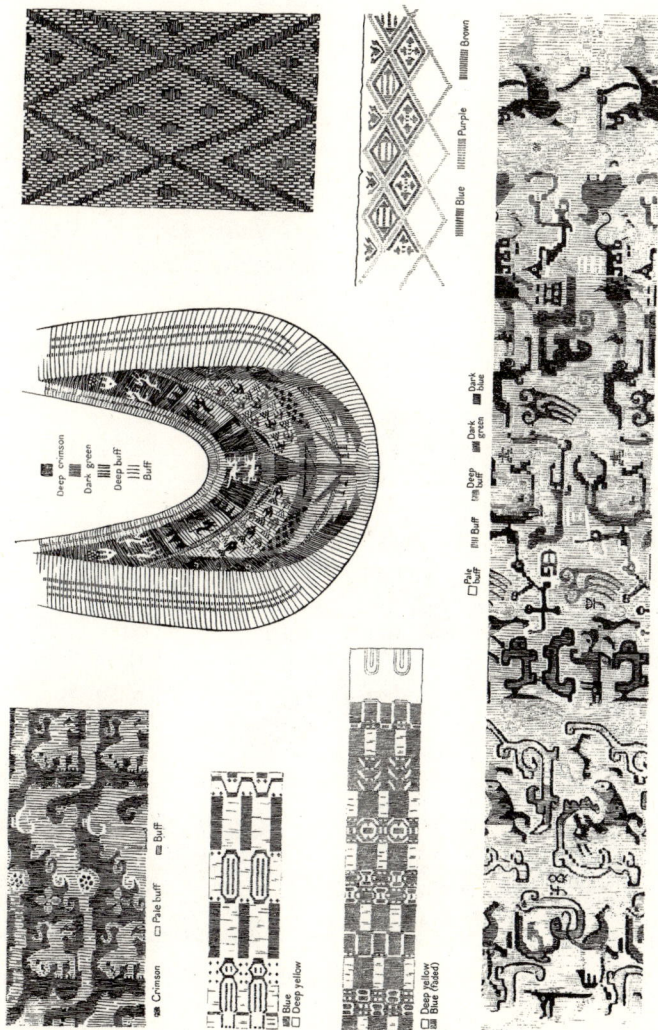

图19　丝织品和毛毯图案示意图

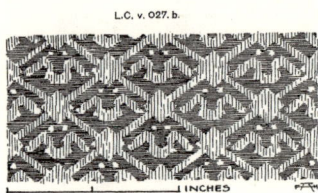

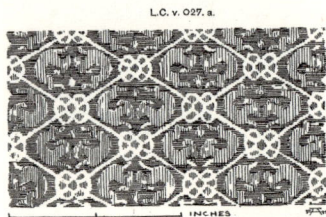

图20　丝织品（包括锦和刺绣）图案示意图

先生提供的详细描述以及他在论文中对花纹、主题的指导性总结，我们在讨论发现的中国现存的最早的纺织艺术品时，有一个问题值得提出：当这些织物沿着几个世纪来中国与中亚以及遥远的西方之间最早的贸易路线转运时，它们的花纹图案是否对西域产生了影响？这个问题，凭我们目前掌握的知识还无法得出一个准确的答案。然而鉴于它们的考古重要性，我们在仔细观察 L.C 墓出土毛毯上类型明显不同的花纹图案后，可对它们进行讨论。

　　L.C 墓出土丝织物纹饰可分为三种主要类型。第一种类型是动物图案，周围饰大量的细涡漩纹（大多数从卷云纹、少数从花草纹演变而来），在丝织物纹样中最常见并占有统治地位；第二种类型是以风格化的涡卷纹和花草纹为纹饰；第三种类型以各种几何纹为代表，其中以菱形花纹为主。安德鲁斯先生强调在这些纹饰中未见斑点纹，而尤其值得注意的是这种纹饰不仅在最早的西方丝绸中经常出现，而且在中国唐代千佛洞的中国织物中也很常见。

　　第一种类型的纹饰引人注目，不仅因为它的数量多，更在于其艺术价值在对动物形象的生动刻画中表现得淋漓尽致。这些动物形象展示出匠人高超的技艺，即对自然动作的准确观察和生动表达，而这些被认为是自汉代以来中国艺术的最大优点之一。丝绸纹饰上的动物种类繁多，但无论是写实的狮、虎、公羊或自然界其他的野兽，还是虚构的龙凤或其他怪物，其形象都体现出一种生活情趣。动物们或猫一般地悄悄潜行，或举足待跃，或跳跃，

图21 丝织物残片

无不表现出艺术家特有的慧眼与手艺。同时，这些动作的生动刻画和围绕着动物的许多轻快自由的卷云纹，都表现出了欢乐与和谐的气氛。安德鲁斯先生论文中识别的各种纹饰类型，像其他织物纹饰一样，与汉墓壁画的纹饰主题十分接近。另一方面，也奇怪地使人想起洛可可艺术，这种相似性决非偶然，很明显，中国艺术对洛可可艺术有影响。

这里要简要说明的是，精美丝织物残片 L.C.07.a（图21）的质量，在安德鲁斯先生论文插图中得到了充分的呈现。其构图充分利用了材料的幅宽，而且幸运的是织物两边都完整地保存了下来。它表现的是6个怪物向左运动的情形，其形象变化很大，从右边翼虎至左边角龙，动作姿态迥异，但大都是猫科类动物。安德鲁斯先生认为："全部组合是从右向左运动（或移动），其动感不仅体现在动物生动的动作中，也表现在涡纹的线条上。每个动物各有特点，生动逼真。"在第一对和最后一对怪物之间有一只立鸭或立鹅，其面对的方向与怪物成直角。此外，还有一些有特征的纹样也应提及。据汉诺赛克的解释，在动物上面或侧面有汉字，右边提到的织锦"绣"，在一起的还有"韩"姓及人名"仁"，再后面是对子孙祝福的吉祥套语。

类似这种精美构图还有 L.C.iii.011 织物图案（图22）和一些其他多彩织物上的图案，它表现了一个骑士在陡山上冲向一只跃立作扑击状的独角兽，后面跟着两只翼兽和豹类动物，形象均怪异，跃立作扑击状。骑士和山的设计十分奇特，它与公元2世纪早期山东汉墓的骑士画风十分相近，卷云纹的处理法也与那些壁画墓

图22 丝织物残片

的纹饰十分接近。之字形布局设计使动物呈角状排列，这样就形成了自然欢快的菱形图案，这是一个受人欢迎的一个中国式的满铺图案。骑士右边的四个汉字，蒋师爷识读为"长乐明光"，这是早期卷云纹上常见的文字。

还有一件织物上面的纹饰也是成组的：双翼怪兽旁有一奔狮，在蠕虫状卷云纹中。我们已经注意到 L.C.07.a（图21）上附属的奇怪图案，即在成行的野兽的开头、末尾有一些鸟，这些鸟的头的朝向与怪兽的方向成直角。这种布局又一次奇怪地出现，其出现频率表明像前面所述的纺织物纹饰那样的系列图案已形成了装饰上的一个惯例。所以，在 L.C.ii.03（图23）的纹饰中，我们见到，在右边翼虎类野兽和左边有翼山羊或鹿之间，站着一只较大的鸭子。安德鲁斯先生指出，第一只野兽的颈圈，与西方和中东地区公元6世纪安托尼奥王朝以后各代织物上的有关纹饰相似。还要补充说明的是三个汉字以及在左边丝绸烂边上的第四个字。蒋师爷解释，这四个字组成了云纹图案上的吉祥语"延年益寿"。

另外几件织物残片上的另一些图案也带有上述特征：从高处跳下的一只翼狗类动物，周围饰蠕虫状卷云纹；野兽的右角之前，站着一只鹑类肥鸟；一只奔跑着的豹和一只蜥蜴形怪物。保存较好的 L.C.08（图24）运用了大量绚丽的色彩，一朵珊瑚树状的弯曲的云纹横贯织物。在云纹向上的弯曲处，一只翼狮猛扑向左，其身后云纹向下的弯曲处有只鸭子，曲伸着脖子向下急飞，鸟首的方向与怪物的走向呈垂直状。

图23 丝织物残片

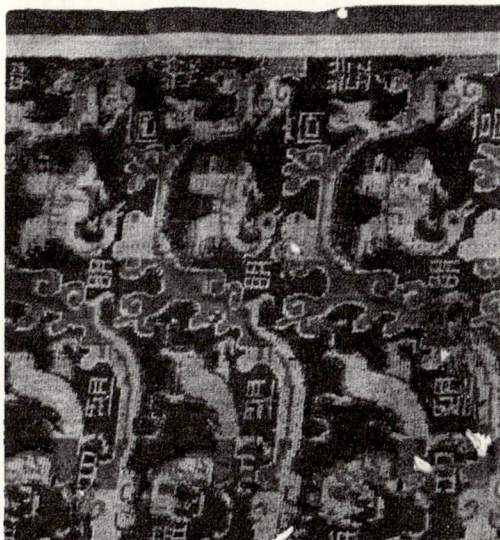

图24 丝织物残片

同一布局在 L.C.vii.09 绮的残片上也有出现（图 25），其纹饰有两点较重要。之字形长条纹饰在折角的左右两边作向上或向下的突出，与突出方向相应的饰条内有方折的纹饰。这是一种在中国早期丝绸上常见的主题，所以容易推出丝织物的年代和起源。另外，通过惯用的翻转方法产生对称图形，展现在设计者和纺织者面前。上下之字形条纹形成对称（折角方向相反），中间形成菱形，菱形内有成对相向的动物。中间菱形内的动物为一对鹤类鸟，均作后顾状，卷羽；上面菱形内为成对相向的狗类动物，两肢相靠，方向与鸟身呈垂直状；下面菱形内同样填满了成对相向的有翼兽和有角兽，作直立相扑状，头的朝向也与鸟身呈垂直状。

　　与上述组合相关的还有 L.C.v.027.a（图 20）及另一块残片上的纹饰。成对站立的公羊，似在抵角，占满了菱形图案中的菱形块。竖列上的相同动物有些变化。而 L.C.v.027.b（图 20）残片的图案则非常简化，似乎已变成了纯几何形，对兽在此退化成了生硬的云纹，菱形交角的玫瑰花饰则成了素面的方菱形。L.C 墓出土织物常见到的几何纹的色彩，也由三色降为 L.C.v.027.a（图 20）上的两色。

　　在 L.C.031.c（图 26）织锦上，面对面站立的形象组合出现了逆向的现象。其纹饰是一卷云纹中坐着一个奇怪的精灵鬼怪（侧身），稍上的前方有一只鸟，鸟首回顾。以此鸟鸟尾处作垂直线（实际无此界线——译者），在线的那一边，图案作反向设计，所以整个织物的成组图案为两只背向的鸟和两个相向站立的精灵。

图25　丝织物残片

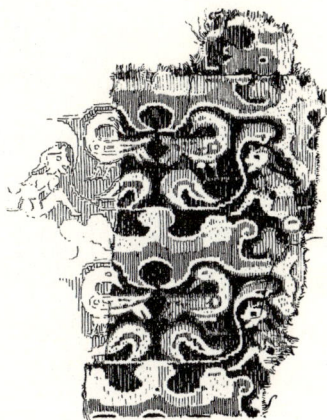

图26　丝织物残片

安德鲁斯先生对 L.C.07.b（见图27）复杂奇怪的纹样的分析具有指导意义。其连续的图案表明，上面为两只相向伸颈的鸟，其下是一对相向的凤凰，再下是两个怪兽狰狞的头，最底下似为圆拱顶的房屋建筑，里面是一对相向跪立的怪兽。其旁边还有一对更小的圆拱顶房屋。上面间隔处有反向对称的卷云纹，形似生硬的带有几何形树叶的树。安德鲁斯先生解释道，这更加令人费解的构图是"使用反向处理法，对三四种不同云纹作对称组合，产

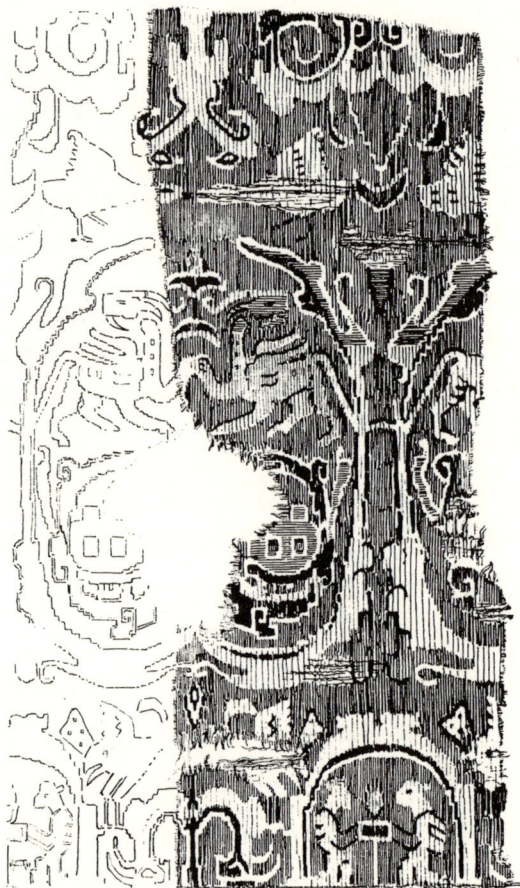

图27 丝织物残片

生一种偶然的新形式"。这一观点可能涉及某些奇怪纹样的起源，例如其特征使人想起萨珊人的"生命之树"和其他一些近东的织物，这值得今后进行全面的研究。

在论及主要由花草或卷云纹为主的图案之前，我们应该注意到一些数量较少但很重要的图案。同是动物纹样，风格与过去见过的截然不同。L.C.ii.01（图28）和L.C.x.04（图29）两块残片为代表的饕餮纹，尽管尺寸大小有所不同，但其构图、主题、处理方法和色彩组合都较一致。最明显的共同特征是纹饰中极为生硬地套用了具有中国特色的鬼怪——饕餮，使人奇怪地想起太平洋地区的工艺。安德鲁斯先生在论文中已详述过L.C.ii.01（图28）的饕餮纹：不成比例的大头，六角形大眼，作呲牙咧嘴状，身下伸出弯曲的脚爪，脊椎从脚的弯曲处伸至耳部，上有张开的尖鬃。左边有一棵外形对称的树，再左边有一只翼狮，用简单的轮廓法勾画出来，作举足前行状，十分生动，使人不禁想起汉代的浅浮雕纹饰。翼狮左边的第二棵树形状不生硬，带茎、枝。最左边残边处是龙形动物。图案紧密，纵向重复，色彩丰富，但底呈暗（棕）黄褐色，图案则呈暗铜绿色。

L.C.x.04（图29）混在大量破碎丝片中，难以打开，其花纹组合类型与L.C.ii.01织物残片的纹饰非常接近，但饕餮及翼狮形状较大，饕餮位于中间，翼狮在左右两侧卫护。此图案较密集地作垂直向重复，仅用深蓝与金黄两色。

单凭这两块残片的风格及处理手法，我们就可清楚地认出，

图28　丝织物残片

图29　丝织物残片

它们是楼兰最古老的纹样丝绸。一块丝绸补丁的幸运发现给我提供了直接的考古证据，其风格和处理手法与我1907年在敦煌烽燧发掘出的一件织物相一致，织物的年代上限，可据出于同一垃圾堆、年代在公元前98年的中文木简而较准确地断定下来。这一补丁早已由安德鲁斯先生在《西域考古图记》中详细描述并绘图，因此这里无须对其图案进行细述。但应说明的是，该图案由一个菱形图案及高度风格化的四个对称的浮雕饕餮组成，菱形的周围是卷云纹。在菱形内有两对对角状交替出现的图案，为一对龙、一对凤和两对同形鸟。此图案与上述 L.C 墓出土的两块织物有密切的联系，这可从风格化的饕餮头、来自传统的青铜器纹饰的轮廓式处理以及菱块中心也许是树的纹饰中清楚地辨认出来。无疑，前述三块织物的纹饰风格严格遵守了古代纹样与处理手法的传统。

在第二类织物纹饰中，首先要提到的是几块仅有卷云纹的织物。这种纹饰是一种附属性的图案，其纹饰是由几个不连续的云纹构成的珊瑚树的优雅变体，是从青铜器绚丽多彩的地纹中引用过来的。但大量的图案由花叶主题构成，不管它们是风格化的卷形纹还是自然形。在卷叶纹图案中，有一个重要的例子，即 L.C.03（图 30）及 L.C.07.c 织锦，其纹饰组合作纵、横向重复，纹饰虽少但大量接合，主要由卷枝和花叶构成，一只小鸭立在花叶顶上，回首后顾。重复图案中间有单个汉字，蒋师爷把它读作"乐"。

L.C.02（图 31）的图案精美繁复，尤为重要的是，这一织物纹饰汇集了各种花形，如彩饰根茎的喇叭花和几何形花纹，如菱形花纹、稀奇古怪的兽形纹等。安德鲁斯先生独具慧眼，认为"图案非常优美，表明已完美地掌握了翻转法纹样的设计技术"。格鲁伯也认为总体效果完美，但他喜欢在风格化的植物纹饰中寻找一些非经验化的迹象，他认为一种新的风格已经产生。

无论如何都值得一提的是花叶纹饰的主题趋向写实，这在唐

图30　丝织物残片

图31　丝织物残片

代和唐以后的汉文典籍中已明确记载，这一点也被 L.C 墓出土丝绣织物上的纹饰所证实。

在第三种类型的几何纹中，各种菱形组成了满铺的格子图案，这种纹饰最常见。有些菱形纹饰间还被插入小方形或其他简单的几何图形，仅有几例只使用两种颜色。在保存的几何形花纹的织物中可见到两种颜色的局限使用。

我们被这些中国纹样织物上的的图案纹饰深深触动。在另外10块花毯残片中，花纹图案无疑具有希腊式艺术风格，而未见明显的中国风格。

尽管希腊化佛教传统在当时的几个世纪内的西域文明和艺术中起着主要的作用，但我们也直接证实了中国艺术早在汉代就对塔里木盆地有影响的观点。我们有充分的证据来表明，中国艺术在唐代时对西域有着多么强烈的影响，而且它在很久之前就是如此。所以，在沿着中国至中亚的贸易大道首先发现年代最早的纺织物证据时，我们丝毫不感到奇怪。纹样织物是历代艺术主题与装饰工艺最为方便的传播媒介，当地（指塔里木盆地）纺织工匠正是吸收了中国内地外贸纹样丝绸的装饰技法，并把它应用于花毯的织造。

我们最后要考虑的是中国纹样织物是否影响了塔里木盆地以西诸国的问题。随着中亚之路的开通至公元前2世纪末，兴旺的丝绸贸易把中国的纹样织物运至伊朗，然后输达地中海地区。斯特日若夫斯基教授在一篇富有启发性的论文中首先提出了上述的问题，他根据某些历史资料，着重比较了风格，在讨论伊朗和希腊式近东地区时以肯定的语气回答了这个问题（指中国纹样织物影响了塔里木盆地以西诸国这个问题——译者）。我不准备在此讨论一个视野宽广的艺术史家在理论基础上得出的这些结论，即使我回到克什米尔营地，整理与此问题有关的所有实物材料时也是如此。在楼兰发现的汉代外贸纹样丝绸虽提供了某些考古证据，但也不足以决定这一问题。因此我仅谈几个方面的一些观察。

首先，许多古籍提到遥远的赛里斯国的丝绸。其中，普林尼的记载最有说服力，他说，中国丝织物（不仅仅是纺过的生丝）曾运到叙利亚进行分解和加工。根据奥维德《爱情三论》（著于公元前14年）中提到的"vela colarati qualia seres hahent"，我们也可得知丝绸在公元前就到达了地中海地区这一结论。此外，据利奥·迪亚科努斯的记述，可知早在拜占庭时期中国丝织物就在近东出现并被带到东罗马帝国。但多尔顿关于"西方现存的早期织物中未见中国风格的纹饰，这与中国影响很重要的假设恰恰相反"的见解也不容忽视。冯·法尔克教授也由此说，他在讨论楼兰遗物的论著中认为：就现存的古典艺术感而言，中国纹样丝绸的装饰风格对西方没有造成影响。

斯特日若夫斯基教授着重强调，网格状菱形可能受到早期拜占庭和科普特的织物纹饰设计者们的偏爱，从中或可找到中国纹样丝绸的影响。L.C墓出土的中国早期丝绸上的满铺菱形纹饰实际上提供了斯特日若夫斯基教授正要寻找的例证。关于这一点，因为冯·法尔克教授证明早在公元前6—前4世纪的希腊花瓶画上就频繁地出现菱形图案，所以目前我也得不出直接的结论。

无论怎样，希腊化地区如果没有公元前1世纪至公元3世纪时期的直接证据，中国丝绸对该地区织物纹样造成直接影响的问题就不能肯定，因为这一时期是西方从中国进口丝绸最繁盛的时期，而此时叙利亚和其他希腊化近东的丝织业尚未得到完善的发展。

这一问题在伊朗方面则有些不同。我们知道自中国经中亚向西的出口通道开通后，在帕提亚人和萨珊人统治下的波斯帝国，因扼丝织品由中亚向西方贩运的唯一通道而垄断了丝绸贸易，并一直延续到公元6世纪。而养蚕术首次在东罗马皇帝查士丁尼时传入希腊。伊朗出现最早丝织品的可靠证据似乎是阿拉伯史学家马苏第的记载，他把萨珊帝国统治下丝织业的兴旺，归因于公元4世纪中叶沙赫布尔二世统治时，从希腊化的叙利亚劫掠了一批匠人，强迫他们在波斯从事丝绸生产。

现存具有特别浓厚的萨珊风格的织物是公元6—8世纪时的丝织品，它对西方的广泛影响可从公元6世纪以后的拜占庭和安蒂尼奥的丝织物中找见。这种萨珊风格有自己的一系列特征，与L.C墓出土的纹样丝绸装饰风格截然不同，其中值得一提的是：偏好狩猎纹、给纹饰加框、或单或双的动物主题纹饰、联珠的圆圈形纹饰。但所有形象都显得很刻板。

然而萨珊丝绸不乏从L.C墓出土织物的某些纹样发展而来的纹样特征。萨珊丝绸中经常出现的面对面的成对动物在L.C墓出土织物纹中也很常见。早期中国丝绸纹饰的设计者使用这样的纹饰不一定是图翻转纹饰在技术上的方便，因为它也出现在汉代雕刻品中。萨珊织物中树常处在动物或猎人之间，起分隔的作用，学术界一贯认为它是生命之树的象征。值得注意的是，某些萨珊织物中类似树的一种风格化的优雅纹饰，在千佛洞 Ch.00118 的纹样丝绸上也有所见。Ch.00118纹样丝绸在纺织技术与纹样上与敦煌长城发现的 T.XV.a.iii.0010 的丝绸非常相近，后者的年代因有同出的文书而可确切地定在公元前1世纪。

对更多的萨珊织物纹饰进行细察，可揭示出两者间关系的有关细节。但更重要的普遍问题是，在随后几个时期，中国艺术不仅对波斯绘画和陶瓷，而且对纺织工艺都产生了非常明显的影响，这已证明为一基本事实。公元14—16世纪波斯出产的精美织锦明显地说明了这种影响，甚至在17世纪的波斯纹样绒中也可认出源自远东地区的灵感和启发。

无论是在蒙古统治时的有利的政治环境下，还是在萨法维王朝海上贸易繁盛时期，伊朗总是对东方的这种艺术渗透很快作出反馈。中国汉朝在伊毛斯和帕米尔以远的政治势力和商业的扩张，也为这种影响开了方便之门，《汉书》也记载汉朝与帕提亚（即安息——译者）及东伊朗诸小国间建立了联系。但遗憾的是伊朗艺术品和帕提亚时期的手工艺品保存下来的极少，尤其在中国丝绸出口最兴旺的几个世纪内的波斯织物完全无存。因此我们目前只能对中国丝绸在刺激伊朗织物饰纹风格的发展方面（后期萨珊织物的工艺已非常成熟）所起的作用加以猜测。

第五节　L.E 城堡遗址和 L.F 台地遗址

虽然 L.C 墓的出土物非常诱人，但我们必须按期在中午重新开拔（清理工作留在回来时再完成）。在离台地东北约 1 英里的路上，也就是上次所见的缺少陶片的地方（迄今还是荒芜之地），我们捡到了一枚没有铭文的钱币。稍后，我们穿过了雅丹地带中部一条轮廓清晰的古河床。该河道自西南方蜿蜒而来，也许与我们前往台地途中所见到的是同一条河道，我们在陡峭的风蚀河岸上测量出该河的河床宽 90 码，中部深 26 英尺。再往前走，胡杨渐渐减少，约距 L.C 墓 3 英里时则完全消失，变成一片荒漠。

距台地 3.5 英里处，出现明显的雅丹地貌。我惊奇地在雅丹间平坦的风蚀地上发现低矮的红柳和极少量的芦苇，它们已全部干枯，但只要有水，相信这个风蚀地上很快会重新长出草木。继续前行约 5 英里，斜坡地的高度已降至 5 英尺或 4 英尺，我肯定这里近期内曾来过水。我们还常遇见表面几乎全被盐碱覆盖、坚硬而有裂缝的土地。这块雅丹地长达 7 英里，缓坡被盐碱侵蚀，很明显它在近期内被水淹过。

继续向前，雅丹地貌顶部的小片土地出现了枯苇枝，并露出盐碱及水蚀的痕迹，其间的低地常由干裂的硬泥块覆盖，表明不久前水曾到过这里。我想，这也许是库鲁克山最南的支脉乌兰铁门图山偶发的山洪所致（无疑，很少有洪水排泄到此）。雅丹地间的红柳看上去刚枯萎不久，因为一些老红柳枝条的上部仍还活着。不久，我们从远处看见了阿弗拉兹·古尔所说的矮黑的 L.E 城堡遗址，此时表面有干裂泥土的小片土地变得常见起来，道路也变得好走起来。那天傍晚，我们就赶到了那处古城堡遗址，此地离楼兰哨站近 19 英里。

在夜幕下，我迅速地察看了一下城堡，感到很满意。城堡的城墙特征与汉武帝时在敦煌边境修筑的长城绝对相近。它也是用泥土垛筑，并用芦苇来加固的聪明的建筑法，挡住了强烈的风蚀作用。而城外，原来的地面已被降低了近 20 英尺，这从墙基上就可以清楚地看出。

次日，我们开始对古堡做仔细的考察。此城堡的年代无疑与敦煌一致，即从中国人初次向塔里木盆地的军事推进开始到公元前 2 世纪末叶。随后的调查更充分证实了我的这一结论。它像以前敦煌长城是用来驻防西部边界那样，被当作沙漠古道上的桥头堡，当中国军队和使团穿过盐碱覆盖的干湖床，并沿着绝对贫瘠的北岸，前往楼兰居民区时，首先来到的是这处堡垒或驿站。我在过去的调查中，对中国古长城及它的建筑技巧已非常熟悉，所以能在沙漠古道的西端发现同样的杰作，尤其感到惊喜。两千多年来，它成功挡住了对这个地区建筑威胁最大的敌人——风蚀的冲击，尽管城堡的墙体遭到了严重的破坏，但没有一处破裂，这与楼兰 L.A 遗址和 L.K 城堡遗址城墙（这两者建筑得非常粗糙）

形成了鲜明的对比。

如图32所示，古城堡为长方形，与中国建筑传统不合的是城堡的方向并未按指南针的基本方位（正东、正南、正西、正北）设计，而是略偏8°~9°。这种偏差，尽管不如楼兰 L.A 遗址围墙及墙内建筑的偏差那么明显，但也起到了同样的效果。它使得北墙、南墙与东—北东主要风向相近，而其余的两道城墙则与风向相对。两座城堡建筑偏向的一致性，似乎证明了这样的结论，即像楼兰 L.A 遗址那样，L.E 城堡方向的特殊规划，是对传统建筑法则的有意接受，同时又可使建筑少受该地区最厉害的风蚀破坏。从外面测量，城堡的东西墙长约450英尺，而南北墙则长400英尺。主门在南墙近正中，宽10英尺，极少有建筑木材遗存。另一门在北墙，更窄，应是后门，外面有木材与编枝，有土坯垒砌的遗迹。

古堡遗址的最重要意义在于城墙异常坚固，城墙由交互间隔的束柴捆层和垛泥层交替间隔地层层垒筑而成。因为碱化，城墙坚固得和混凝土墙一样。在几处有积沙或避风的地方可见保存下来、高及几层的束柴捆护墙，但也有一些地方已有松动或已被风完全侵蚀掉了。城墙各部分的建筑方法与我在敦煌长城各段所见非常相似。红柳层与垛泥层的厚度之比，也与我提到的敦煌长城的延伸段一致。在敦煌东北部 T.XXXV 烽燧附近保存较好的长城段，也同样使用了邻近地区的红柳。两者均给人坚固的感觉，这种印象从一开始就使我确信，L.E 城堡的建筑年代当与汉武帝时敦煌长城的建筑时间相隔不远。

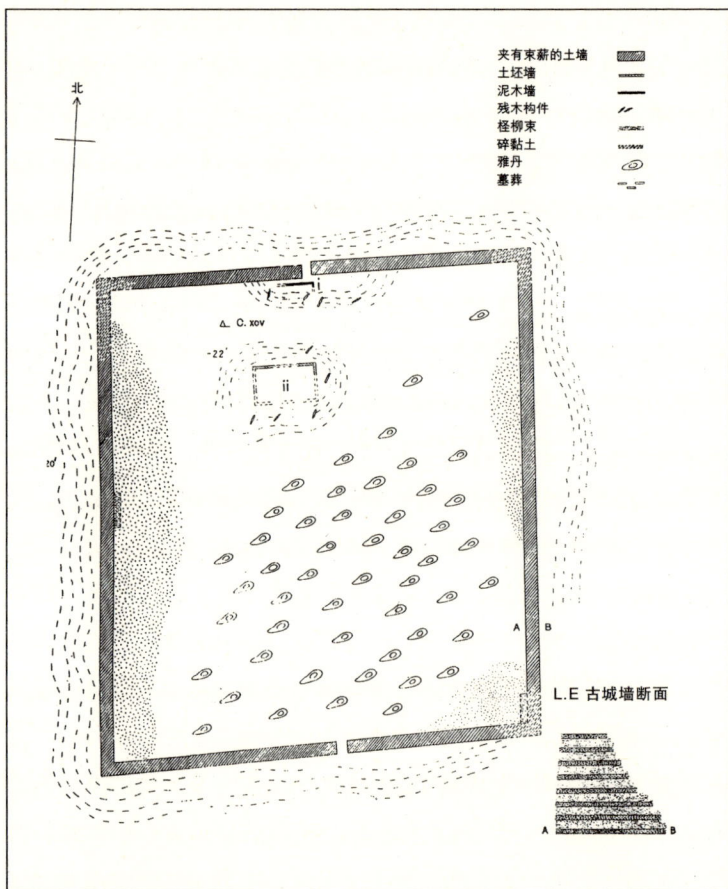

图例：
夹有束薪的土墙
土坯墙
泥木墙
残木构件
柽柳束
碎黏土
雅丹
墓葬

北

△ C. xov

-22'

i

ii

A B

L.E 古城墙断面

A B

图32 L.E 城堡遗址平面图

保存下来的城墙厚约12英尺，直接建于地面上，城墙内面仍几乎直立着，而外墙面经严重风蚀，原来较陡直的墙面已几乎成为一道连续的缓坡。所以现城墙顶部的墙宽已减至5~6英尺，东墙中部的高度可达10英尺，保存有完好的七大层（每大层由束柴捆层、垛泥层两小层组成）。其他地方磨损严重。西墙因地面受到侵蚀而向内沉陷、变形，但仍可数出十大层，可知城墙原来很高。东南角附近、西墙中部的墙基处厚18英尺，似乎表明这里可能有台阶通到城墙顶部。城墙顶部还可能有胸墙，但也许是因长期受到风沙的侵蚀而已荡然无存。

与敦煌长城相同，该城堡的城墙构筑得非常仔细而且较厚，这足以经得起匈奴或地方起义对它的直接打击。因此，对从中国内地来到楼兰居民区东界的使团、军队、商队来说，该城堡是在干旱、多砂石、盐碱的荒漠中的一个避风港。它是用因地制宜方法（就地取材）建造起来的，有效地抵挡住了缓慢而又长期的风蚀，从而得以幸存下来。如果这座古堡的城墙没有被毁掉，那么堡内遗存被风蚀和流沙的破坏是非常明显的。围墙内的侵蚀状况非常惊人，地面被掏挖得凹凸不平，犹如雅丹地貌，特别是沿西墙和北墙的地面，被蚀出许多连续的深坑。无疑，由于城墙对风蚀起了很大的抵抗作用，所以使风蚀对堡内地面的破坏力更加剧烈。第二天晚上，我亲身体验了来自北方的强烈沙暴。我们在北墙下的坑中露营，沙漠旋风使我们根本无法点火。

在这种情况下，就很容易理解墙内没有建筑遗存下来的原因。

大量红色硬陶片散布在城内原来应是沙地的风蚀土地上，墙外也有陶片，证明此城的沿用时间较长。雅丹隆脊平顶上处处可见的黏土，很可能曾是古代的房屋居址，只不过现在已完全毁坏了。距北城墙约24码的地方，在高出邻近风蚀坑约20英尺的一处台地的顶部，我们仅勉强地看出 ii 号建筑的土坯墙基。地上有一根已裂缝的大木梁，长达26英尺，横截面约1平方英尺，它躺卧之处一片杂乱，说明房基与屋顶可能都很厚重。而其他木头等小碎片现已完全风化，被吹刮得无影无踪。

另一方面，北门内未被侵蚀的一块高地上，残留着几小段由木材和红柳编枝构成的一座建筑的残墙。其垃圾堆构成大多是芦苇和粪便，保护了墙基、柱足以及高出的墙体。散布于斜坡上的残木，是已完全毁坏的另一些墙的遗物。在清理我们挖出的遗物时，我发现了三枚简牍、一张完整的纸文书及两张残坏的纸文书，它们上面都写有汉字。简牍为楔形简牍盖板，方端有突起的长方形印槽，尖端砍去，表现出一种新的类型。据马伯乐先生的注解，这些木简应为官方信函的地址牌，其中两枚均标有年代，分别相当于公元266和267年。因此，从这两枚木简和纸文书可知，L.E 城堡的年代下限与楼兰 L.A 遗址大体同时。除了这些记录和中国五铢型钱币，该遗址只发现了两枚铜镞及一些小型石器，其中包括一件叶形尖状小石器，是新石器时代的遗物。

2月16日晨，在城堡照了几张照片做基本的记录后，我又向东北方向的台地（阿弗拉兹·古尔在那里调查时发现有古代居住遗迹和墓葬）出发了。走了2.5英里，穿过雅丹低地及两小块碱地后，我们到达了台地。盐碱壳的表面较松软，似形成时间不长。雅丹垄脊之间芦苇和红柳丛的死亡时间似乎也不会太久。

近观 L.F 台地，它是一块红土垄脊（或高台），极陡，高达百余英尺。与此地区其他台地不同的是，它呈东北—西南走向。这块高台除西南坡外，各坡均被切割成台阶状的几层，顶部很难达到，到达东北点几乎不可能，这一点与雅丹地貌也略有差别。我立刻意识到古代在此据守的原因可能是该脊岭易守难攻。台地西南坡较缓，呈尾状（图33）。从此爬上去，我首先来到了一处低地——用木板围起来的墓地。清理后发现是空墓。再向上走约15英尺，在岭脊的中部（图34）有一些墓，有些因风蚀而半露于外，其他则完好。

这处小墓地与台地东北端之间有一条宽约6英尺的沟。台地顶部平坦，两翼为小冲沟，因此这块台地因风蚀作用，宽度缩至50英尺。因为沟中有沉积，所以它的原深度已不得而知。再往前，如图34所示，台地顶部有一座小堡垒，遗有一段用硬泥块构筑的墙。这些泥块从干涸的沼泽、潟湖的边缘挖来，或采自台地的泥层。小堡垒呈不规则长方形，长约200英尺，最宽达80英尺，中部有个小土墩，高出墙基15英尺，阿弗拉兹·古尔认为是佛塔，但它是由原生土形成的，因此可能是在筑城时，就有意把它留在城圈里边，以供瞭望之用。

小堡垒有小水沟通入。其围墙有一个缺口，约宽5英尺，如

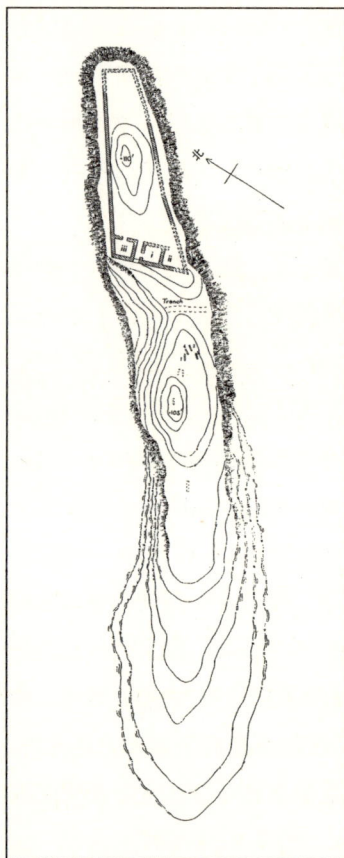

图33 L.F 台地遗址及墓地平面图

图34所示，入口内右侧有两个房间，依围墙内壁而建（图33），胡杨木架依然竖立。两房间内均有大量废弃物，主要是芦苇和牛马的粪便。清理时在房间 i 发现楔形佉卢文木简、汉文木简以及汉文文书残片。值得一提的其他小发现有：一枚金戒指，嵌有小的圆形红宝石或玛瑙；三支木笔；一块取火钻木，与尼雅遗址、楼兰 L.A 遗址或其他遗址发现的非常相像。有花纹的木针与随后清理的墓中的木针类似；一条小孩的腿，曾被认作鹿腿。

在入口内左侧的房间 iii 里，厚重的顶梁仍在原位。这里除了一枚无铭文的五铢型中国钱币和一些燕麦和麦草，没有发现什

图34 罗布沙漠中 L.F 台地顶部，哨所门道及后面的墓地

么遗物。但燕麦和麦草的发现较重要，它显示这里曾有过农耕（或许就像塔里木河下游河间植物地带那样进行的是间断性的耕作），所以楼兰地区的这处外围哨所当距农田不远。正如 L.C 墓和 L.E 城堡遗址的位置，这处哨所位于楼兰东北方向的中国古道上，这表明，因为易防守，易瞭望，所以这块台地被选作大漠交通线上

的一处哨站。

但谁是这处台地的使用者？在调查了围墙外面的小墓地后，此问题就不难回答。三座位于或接近小圆丘的小墓（图33、34）已被完全风蚀，仅见碎裂的木头和骨头。小圆丘东部低地上的一组四座墓葬似乎和前面几座墓有所不同，因20码外城堡所在的脊岭阻挡了部分风蚀，而保存得较好。我们打开了最东头的一座墓葬（L.F.2），如图35所示，该墓近地表处已被风蚀，墓内仅存一具几乎只剩骨架的妇女或儿童的腐尸，尸体被置于两块长木板之间，其上有交叉放置的红柳枝，构成一副最简易的棺材，未见衣服或葬具。但我们打开另一座精心埋葬的墓葬（L.F.1）时，对其在严重的风蚀条件下保存得如此之完好感到十分惊讶。

该墓竖有狭窄的围栏，其密集的木板高出现地面约3英尺。去掉这些木板，挖到4英尺深时，发现五张保存良好、包裹着棺材的厚牛皮，棺材由两块凿空的坚实胡杨木及两端的端木构成，棺盖是用这7块排列紧密的硬木板拼合而成。当年轻胆大的罗布民工萨迪克揭开棺木后，出现了一具脚穿皮靴的年轻光头男尸，他的身体裹着结实的粗织毛织品（图36）。当我俯看这个形象时，我面对的就像是一个正在熟睡的当地老乡（有着干枯的皮肤和深陷的眼睛）。无疑，这是公元初干燥的罗布地区的居民形象。

从葬式可以看出，死者是土著居民，而非汉人。而从死者头部来看，更可确信其显非蒙古人种类型。死者脸型较窄，鹰钩高鼻，深目。头发、胡须呈波浪形，黑色。头部未经测量就知是长颅型，其头部和脸部特征表明死者为高山白人(阿尔卑斯)类型(兴都库什山和帕米尔地区常见这种人种)。其左眼有一块斑痕，无法判断是否是伤疤。因为尸体已经干枯，所以皮肤紧贴于骨骼上，散发出刺鼻的气味。

图35　罗布沙漠中 L.F 台地，清理出的第一个墓葬以及参加发掘的罗布里克民工

图36 罗布沙漠
L.F 台 地，L.F.I
号墓内的死者

　　死者头戴褐色毛织帽，有角（尖）状耳罩，左边装饰用交叉的木签分开的五根立羽。帽上扎有一些啮齿类的动物皮，也许被当作一种头饰，与 L.F.4 号墓出土的 L.F.04 帽子（图37）相似。除脸和脚外，整个身体用粗布（似是麻）包裹。衣服的边缘系有一小包折断的小树枝，横放在胸前，供死者在阴间使用。[1]除了用深褐羊毛织成的齐腰的衣服包裹、脚上套穿素面红皮短靴，尸体几乎赤裸。

三只由藤草织成的草篓，置于棺内，用来盛装食物，但已被啮齿类动物或虫子破坏。其中一只篓子保存完好，上端饰之字纹，另外两只篓子，已损坏严重。

随后打开在 L.F.3 号墓死者脚端附近的 L.F.2 号墓。此墓已遭风蚀破坏，未见围栏，所剩只有牛皮包裹着的棺材。与上述墓葬相似，棺材制作得较为粗糙。墓内死者是一名年轻女子，身裹粗

1　兰德勒认出这些树枝属麻黄类植物枝条。这种植物从西藏到波斯有广泛的分布。楼兰地区 L.F.1、L.F.4、L.Q、L.S.2、L.S.3、L.S.6 号墓中，死者毛衣边缘发现的小束残断植物茎梗。

在 1925 年 8 月 4 日，皇家学会会员、大英博物馆植物部主任兰德勒博士就上述标本，给我写了一封信，内容如下：

"这些标本（它们都一样）无疑是麻黄的残段。麻黄是一种低矮的灌木，多见于喜马拉雅和西藏的干旱地区，中亚和西亚地区也常见。麻黄有瘦长的绿枝和小叶，茎节处都有一个膜状的小叶鞘。

"瓦特的《印度经济作物词典》'麻黄条'注，麻黄是印度帕西人（为逃避穆斯林压迫而自波斯移居印度的拜火教徒的后裔——译者）的圣护摩（Homa，梵语，意为焚烧、火祭，又译护魔、呼魔等，或意译作火祭祀法、火供养法、火食等——译者），它很少被用作调料，茎干有苦味，据迪木克博士解释，'帕西人拜火教徒说它从不腐烂'。"

现在，麻黄在琐罗亚斯特教（即拜火教——译者）礼仪活动中被用作古代豪麻（琐罗亚斯特教的神圣植物，被奉作神明，给予人健康和生育，甚至使人永生——译者）代表物。这种植物在楼兰土著人的墓葬中也有发现，因此具有明显的含义。

图37 毛织帽

布衣服。头戴素织的毛线帽，额前剪发呈黑色，与约特干（和田）红陶女头像的时髦发式一样。脸呈卵形，深目大眼。两根硬木花纹针和精制的骨针，死者生前也许用过，死后被用来固定尸衣。一颗大玉珠。死者头右部置一只精织的篮状小壶。

最后清理的是L.F.1号墓旁边的L.F.4号墓，它有如图38右侧一样的木围栏，胡杨木板虽未置于棺木之上但仍表明了棺材的方位。棺木由两棵挖空的胡杨树干做成，两端有挡木，顶有像L.F.01那样的盖板（但后者顶板没有连接，而是在左边留了几英尺的空间）。整个棺材由两张牛皮紧紧裹住。在他们的下面发现有三四支带羽毛的芦苇秆，也许是箭杆，也许是给后面的狩猎场预备的。

L.F.4号墓中的死者埋得较深，约比L.F.1号墓低2英尺。死者是一名中年男子，完全包裹于粗布衣之中。揭开尸衣，如图39所示，可见其头部朝向正北方向，保存良好，非蒙古人种。他有着突出的鹰钩鼻，须发浓密而呈黑色，头戴与L.F.01同型的黄色毛

图38 罗布沙漠中L.F台地哨所外面L.F.4号墓葬的木围栏

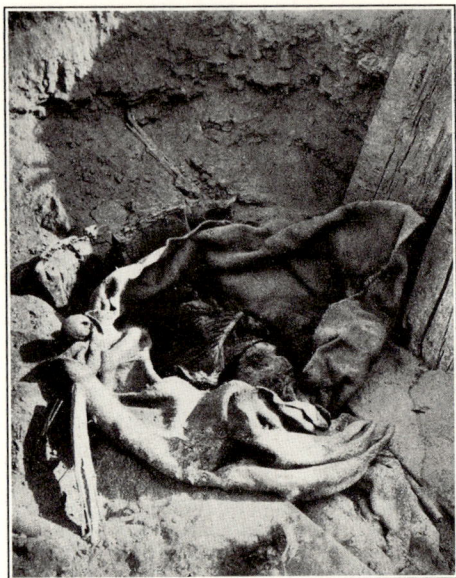

图39 罗布沙漠中
L.F台地，L.F.4号
墓内死者的头部

织帽 L.F.04，但装饰要更丰富一些。除羽饰外，帽上有17圈缝制
的红线，另用啮齿动物皮作为冠饰，还在冠顶插一束鲜艳的羽毛。
整个头饰看起来非常华丽。死者头右侧随葬有编织得较整齐的草
篓。近头处的衣服边缘系有两个小袋子，其中一袋装的是麦粒，
而另一袋则盛有小树枝。此外，还发现用来固定衣服的桶形头的
木针及短而尖的茎杆等。

这些墓葬内的随葬品很少，但都保存得很好，这完全是因为干燥的气候和高敞的地势。从死者来看，这些居住在台地顶部中间瞭望台上的人应是楼兰土著居民。死者相貌、衣服和随葬品揭示了这些人的人种类型及其文明程度，与《汉书》关于楼兰人的记载惊人地一致。无疑，这些死者与当今的罗布人一样，生前也过着狩猎、打鱼、放牧的半游牧生活。尽管当时通过交通和贸易，汉人已来到他们生活的丛林和沼泽之中，但他们仍坚持自己固有的生活方式，保持着他们富有特色的原始文明。遗憾的是，我未能带走这具代表古楼兰人的干尸，因为即使我有足够的时间临时用手头的古木做一个合适的箱子，也没有富余的交通工具把它运送到有人居住的地方。所以，我不得不小心地重新合上棺材，盖上大块泥土，尽可能不让它受到风蚀侵扰。

在小堡垒下的斜坡上和高台附近捡到的铜器和石器证实了干尸给我留下的上述印象。铜器包括两块铜镜残片，无疑出自中国工匠之手；几枚青铜环。石器包括碧玉片、做工精良的玉斧等。根据这些发现及其他地方的类似发现，可知楼兰地区新石器时代最晚期与汉人到来的时间一定不会相隔得太长。此外，9枚中国铜币全是五铢钱，其中在台地脚下捡到的几枚是剪轮钱。L.F 台地遗址使用年代的下限很可能是通向敦煌的沙漠古道废弃的时间。

在我们发掘 L.F 台地遗址的同时，我派阿弗拉兹·古尔带两个人去调查雅丹东北4英里及盐碱地之间的一块孤立的台地。阿弗拉兹·古尔在那里捡到了小件文物，包括石器、铜器和陶器残片。

虽然这处遗存容易被混淆为游牧人的临时栖身之地，但无疑它是一处古代居住地。在平板仪上所作的平面图表明，楼兰 L.A 遗址、L.C 墓、L.E 城堡、L.F 台地遗址以及这个曾经住过人的台地（我后来把它标作 L.I），实际上全位于一条正东北向的直线上。

它似乎表明，我从前急切寻找的中国古道与这条直线是同一方向。因此，离开大本营楼兰遗址后的发现，除了它们本身的意义，还为我们以后的艰难考察提供了一个可靠的导向或出发点，即沿着这个方向可以寻找穿越荒漠的古中道。

但要立即出发去寻找此道，从物质条件来说不太可能。一方面，在穿越漫长、艰险又完全陌生的土地之前，我已安排骆驼去阿勒提米什布拉克的碱泉吃草休息，然后预定 2 月 17 日在楼兰大本营会合。另一方面，我们不停地在无水的荒漠和凛冽的寒风中跋涉，罗布民工已筋疲力尽，很难再用丰厚的报酬来提起他们的精神，因此急需在进一步考察前休息一阵。因此，我们必须立即返回大本营 L.A 遗址。回去以后，我准备利用白天的剩余时间去清理北门附近的垃圾层。

就在那天傍晚，这个季节的第一次狂风沙暴从东北方向刮来。整个晚上狂风大作，风暴因受古城墙所阻，在古堡内变得更加肆虐（直到次日午前才停息，我们完全不能工作）。我们露营的地方，不时地遭到夹沙的旋风的袭击，想尽办法也未能把御寒的火点燃起来，就这样我们在寒冷中度过了漫长的黑夜。罗布民工虽常遭遇风暴，但对这次荒漠中遇见的风暴也印象深刻，他们认为这场大风暴与墓葬被惊扰、鬼魂发怒有关。本来很勇敢地清理尸体的萨迪克，更是感到惊恐。于是，带着惊恐，想象着打开棺材时闻到的腐烂气味，他和他的同伴都剧烈地呕吐起来。

　　熬过了这艰难的一夜，我们迎来了轻松的清晨。但在这种条件下，不可能再去调查其他墓葬和遗址。因为浓雾弥漫，给古城堡拍摄照片的想法也只好放弃。返回楼兰大本营的计划，因气候条件也不得不推迟执行。如果是逆风而不是顺风，我们的行进就只能完全停止。尽管如此，我们仍很难按预定的方向行进，不时要停下来寻找落队的人，后来我只得命令他们排成一长列，以防有人掉队或迷失。

　　最后到达了上次提到的古河道，我才放下心来。不久，风暴就减弱了。经过五个小时的跋涉，我们终于看见台地上的 L.C 墓，那里一直是我的目标。我们在那里进行了三个小时的辛苦发掘，民工们虽然累得手脚不听使唤，但最终完成了墓坑的清理工作。天气又一次迅速转晴，使我们可以看到 L.A 佛塔。顺着佛塔的方向，我们在傍晚时分回到了大本营。这时，我们都脏得难以形容，我的罗布人队伍也已累得精疲力尽了。

第六节　从楼兰到阿勒提米什布拉克

我回到楼兰遗址时，拉尔·辛格和驼工都已安全返回，对此我甚为高兴。由于拉尔·辛格一直远离大队，因此我非常担心，怕他遇上麻烦，特别是怕他在塔里木的铁干里克东进沙漠时受到中国官方的阻挠。幸运的是，如我在米兰遇到的情况一样，从官署发来的阻止命令一直没能在铁干里克生效。

我的计划是让拉尔·辛格沿着库鲁克山麓和库鲁克河岸进行调查，然后加入到围绕并横穿古罗布泊湖床的考察。他从事这些活动，完全得益于他能得到骆驼和大胆的猎手向导阿布都热依木。阿布都热依木原来是库鲁克山辛格尔人，1907年时曾陪同拉尔·辛格调查过西部库鲁克山，此后他搬到了铁干里克。我刚到喀什噶尔时就通过他所在地区的县官告知阿布都热依木，在即将到来的冬天考察里我将需要他的骆驼和他的帮助。拉尔·辛格到达铁干里克时，阿布都热依木早已准备好了骆驼及一切备用品，时刻准备出发。他也接到过三个月前从地区首府喀拉库木官署签发的命令（幸运的是命令并没有执行）。我一年后才知道，当我们到达时，乌鲁木齐早已对我们下了禁令。禁令失效的原因，不知是出于疏忽，还是因为回民辖区长官（是马继业先生的熟人，为人通情达理）的仁慈、网开一面，至今仍然不明。

阿布都热依木的地方知识和沙漠生活经验以及饲养的5只库鲁克山骆驼，对我们顺利前进有很大帮助。除1907年曾给斯文·赫定博士作向导之外，他不止一次地进入阿勒提米什布拉克围猎野骆驼。因此，赖于他的帮助，拉尔·辛格顺利地完成了我分配给他的主要任务，在地图上标出了营盘干涸的古河道（此河道位于铁干里克—辛格尔的路上，距楼兰遗址不远）。他调查的路程约为150英里。路上，距他的78号营地不远的雅卡雅丹布拉克（意为雅丹边缘的泉水——译者），可大致确定为古代库鲁克河三角洲上部，除此以外都是沙漠地区。

按照我的指示，他在沿路对古遗存进行了仔细的搜寻，在沿古河边地带的一处砾石戈壁调查时，发现了四处墓地以及两块散布有粗陶片的小塔提遗址（有些也许是史前时期的遗物）。后来，我对拉尔·辛格调查的四处墓地中的三处做了考察。虽然他们小队所走的路线实际上离楼兰 L.A 遗址仅17英里，但考虑到在从米兰出发进行400英里的环行之后，他们能否在平板仪上准确地对准拉尔·辛格和阿布都热依木都从未去过的风蚀沙漠中的特定地点，无法肯定。因此拉尔·辛格决定转向东北，在进一步冒险之前，先找到阿斯汀布拉克泉水再说。他在那里只待了一天，托乎提阿洪和驼工就从南方赶来了。我们终于接上了头。因为两个小队并没有预先约定会合，所以阿布都热依木的骆驼在碱水泉刚走失，就差一点被托乎提阿洪当作野骆驼打死。

从营盘到阿斯汀布拉克的7天旅途中，拉尔·辛格经过的大部分地方，赫定博士在1900—1901年就已踏访过，他有关此地的详细报告和平板仪上绘的地图，一定程度上弥补了该地缺少有关地貌材料的遗憾。惯于忍受冷酷的沙漠的阿布都热依木和他出色的骆驼的到来，加上拉尔·辛格的安全到达，极大增强了我们的信心，足使我安心地制定出下一步行动计划。最重要的是加强运输能力，从阿斯汀布拉克租来的骆驼在归来后发现并不适合较远的沙漠工作，所以这些骆驼除留下5只外都遣送回米兰，以确保在合适的时候把厚重的行李运往敦煌。至于阿布都热依木的骆驼，在此要特别说明的是，在楼兰遗址出生的一只小骆驼，跟随着我们穿越了净是盐碱、碎石的难以克服的沙漠。在艰难的旅途中，它没有受伤，几乎全凭自己走了下来。

那天晚上的重聚，使我着手准备下一步方案，西北的一个便道可使我考察最东部的古墓地，所以我们在前往阿勒提米什布拉克时不用另费一天时间。前些天获得的文物得用木箱来装运。木箱由奈克·夏姆苏丁连夜去做，所需材料均采自遗址中的古木。2月18日，早在天亮以前我就起来了，包装好所有精美的织物和其他文物，出发前告诫民工长途旅行须知的事项，做好我们分别、会合和把重行李从米兰运到敦煌的各种安排。几个星期以来艰辛劳动的所有罗布民工，在依布拉音伯克的带领下将返回米兰，重新回到他们正常的生活。我给他们发了充足的银两作为报酬。于是他们带着驮运着他们自己物品及冰块的大队骆驼，满意地走了，神情与他们那天在 L.F 台地发掘墓葬及接下来的沙暴中表现出的执拗的态度截然不同。

及时运走留在米兰营地的所有厚重行李和供应品是依布拉音伯克的任务，他们将适时地在去敦煌的商路上加入我们的队伍，我们约定在库木库都克会合。我知道，我的倒霉的中文秘书李师爷，可能会在运输这些辎重时有一些麻烦，我也很担心中国方面会在若羌进行阻拦。因此，尽管那个尽忠尽责的总管已经伴我进行了三次旅行，我对他完全信任，但我一点也不轻松。一个沉重的邮包装着我半夜向西方写的关于最新发掘信息的信件，也委托依布拉音伯克把它们转发到喀什噶尔。

我们向楼兰 L.A 遗址西北进发，首先跋涉的是到达佛塔前的风蚀很深的土地（图40）。我第一次来到该遗址是在1906年12月，这在以前的发掘报告中已详细叙述过。在这附近发现大量的小件铜器，如三棱形铜镞、一对完整的镊子以及小石刀等，除此以外，我们还发现了大量的中国五铢型铜币。佛塔及距楼兰 L.A 遗址6英里的距离内散布有大量质量甚好的陶片，表明此地在历史时期曾频繁地被使用过。抵达佛塔前，我们穿过了一条古河床，岸上有许多干枯的胡杨。从方向上看，似与 L.C 墓附近和更远的蜿蜒河床相连。

陶片在哪里绝迹很容易看出，因为这里雅丹沟壑少见，宽敞的洼地相对平坦，骆驼行走起来比较容易。洼地里还不时发现一些布满枯苇的平坦的小河床。走过7.5英里后，我们穿过另一条分出两三条支流的弯曲河床。在我们穿过主支流河道的地方，河

图40 楼兰
L.A. 遗址西北
的塔址

道拐了个急弯，其西岸顶风处如同安西、桥子附近的城墙那样被吹刮出裂口。它使我突然想到前面提到的宽敞的洼地可能是由库鲁克河支流灌注而成的潟湖的湖床。洼地因为底部比周围地面低20~25英尺，所以受风力的直接侵蚀较少。湖床里可见大量的螺壳。就在洼地附近，我发现一对红柳包顶上还有活的茎枝。

与我们前进方向成直角、难走的雅丹地带，影响了骆驼的前进速度。傍晚，我们不得不在狭窄弯曲、岸上有大量枯胡杨的小河床边扎营。在抵达地前2英里处，我们在远处发现西边有一座小丘，也许是个佛塔。其右边是低矮的地埂，也可能是墙址。因为在这样的土地上，暮色往往会误导人，如1906年我们在楼兰 L.B 遗址曾搜索过类似的遗存，结果什么也没有发现。而如果为此一转向，可能要花掉我们一天的宝贵时间，因此我不愿为此浪费时间。当然，观察必须记录下来，以此引起后来的探索者的注意。我们每天都能远远见到库鲁克山最南部贫瘠的支脉，阿布都热依木首先看见一个泛红色的小脊岭，我们便直接往那里走去，那里有拉尔·辛格所说的第四个墓地。

行途中初次与阿布都热依木在一起，我抓住机会同他长谈起有关他在狩猎时的观察和经验。他从小就在库鲁克山边荒僻的辛格尔中长大，他的父母是吐鲁番盆地迪坎尔的猎手，初次开拓了一片荒地。他似融吐鲁番人天生的礼貌智慧和荒漠猎手勇敢自立的精神为一体，我发现他既聪明又善交际，且富有责任心，在我们后期的旅行中我们从他那里得到了不少帮助。阿布都热依木有敏锐的地形意识，凭他在库鲁克山中西部遍布石头碎石的荒漠地上长期活动的经验，他告诉我这里的大片土地除一些盐泉外净是无水的沙漠，这对我制定考察计划帮助极大。1914年冬和1915春，拉尔·辛格完成了我制定的这个考察计划，他沿着计划的路线，考察了库鲁克山地区从未考察过的地方，进行了从罗布沙漠到库尔勒的三角测量。

就像过去的羚羊猎人熟悉与世隔绝的高山山谷一样，阿布都热依木对沙漠地带（东西向延绵250英里、横宽120英里）的赤裸、荒凉早已习以为常。我和拉尔·辛格都知道，他的话总是真实又准确，这就是为什么要在这里记录下第一天他告诉我们的一条准历史消息。这条消息似乎与楼兰遗址有一定的历史联系。除了在1900年3月作为赫定博士的向导去过阿勒提米什布拉克和离我标号的L.B.iv附近居住遗址，他从未到过罗布沙漠的这一部分。正是在那里，赫定博士第一次（1900年3月28日）遇见了古代居址。从那里他就返回，因此对赫定后来在1901年考察过的遗址的情况，他并不知悉。但阿布都热依木年轻时从塔里木的罗布老猎手鲁斯塔木处曾听说过一个"古城"的故事（传说该城位于库鲁克河南部沙漠中）。在陪赫定博士第一次前往库鲁克河和阿勒提米什布拉克时，阿布都热依木曾把这个故事告诉他。

阿布都热依木的话对我来说多少有些重要，它说明第一次发现楼兰遗址并非偶然，它也证实了我原来（从恰依奴特库勒湖到L.K城堡遗址途中）从托乎提阿洪那里听到的消息，即他在年轻时听一个阿布旦老猎人艾格尔阿詹说起，那时沿库木巴勒塔格山南麓，有一条从塔里木到敦煌的道路。此"路"应位于沙漠北部，阿布旦猎手应对它比较熟悉。但托乎提阿洪没有告诉我艾格尔阿詹是怎样知道此路的。不管怎样，他认为这位老人可能到过铁干里克，因为当地猎手为追野骆驼时常常深进入库鲁克山。1895年，艾格尔阿詹被当时从西宁叛逃出来的伊斯兰教徒杀死。

阿布都热依木和托乎提阿洪完全独立的陈述十分一致。无疑，关于这个地区存在古楼兰遗址的一些模糊传说，在赫定的发现之前，就流传于追赶野骆驼而进入库鲁克山脚泉水的猎人间了。而对我来说，更加难以确定的是，那个从塔里木到敦煌有一条古道的传说是否意味着它正是古代的中道？或者是否可从中推理出或解释为库鲁克山脚南部沙漠中存在古城？传说的楼兰遗址也许有人去过或冒险的猎人进去找过宝藏，一方面，这很难说是交通站被废弃后不久发生的；另一方面，也应注意，塔里木盆地居民关于沙漠中存在古城的传说根深蒂固，他们自古以来就对宝藏有着强烈的兴趣。

2月19日早晨，我让阿布都热依木带着所有骆驼与行李向东北方向进发，目的是要把我们的营帐搭在原来他与拉尔·辛格穿过的一条宽敞的峡谷口。这处峡谷从库鲁克山脉外围乌兰铁门图山上延伸下来。我和拉尔·辛格、阿弗拉兹·古尔以及其他几个人因不用骆驼驮运，只能继续沿原来方向朝着所说的墓地前进，计划在发掘后的当晚再回营地，这样骆驼可少走一段绕远的长路，同时我们前往阿勒提米什布拉克的路上也可缩短一天时间。

我们出发6英里后，雅丹地貌上升到约10英尺的高度，方向仍未变，正好横贯在我们的道路上，使我们行走起来非常费力。但这也证实我们的安排非常明智，骆驼可从此直行至预期的营地，以在那里过夜，所以路线必须保持与风蚀脊岭沟壑平行。前一天的后段行程中，没有发现任何居址，而在我们走了4英里后，我惊喜地发现，精制的陶片逐渐多了起来，类型与L.A周围发现的那些相似。我们还从地上捡到几件铜镞和各种金属残片。除两枚五铢型铜币外，还有精制的三刃、有倒刺的铜镞。与三棱形铜镞截然不同的是，上述类型的铜镞与汉代常备武器弩机配用，在楼兰地区及敦煌长城内都有大量发现。

在距上一个营地约7英里的地方，我看到在高约8英尺的雅丹顶部，有一处被严重破坏的居址，上面散落着加工得很粗糙的胡杨木柱和横梁。其地表风蚀得非常严重，仅南部覆盖着一层麦草和马粪（也许是掉落下来的部分屋顶），保护住了一小部分泥墙，残存木柱用尖细树枝做成，表明此居址的主人是个农耕者。地上散布的陶片很精致，年代与楼兰遗址明显相同。另在居址附近的塔提遗存中，还捡到几颗玻璃、石质的珠子和小的青铜残片等。

这些发现地以及以前记录的遗物地点与仅几英里外的C.84号营地一起，明显属于一个古居住地带，年代与楼兰其他遗址大体同时。这个地带沿着L.E城堡至库鲁克山缓坡的道路延伸，从此有条清晰的库鲁克河主河道一直流向营盘和现在的孔雀河河床。关于营盘，我将进一步证明它是楼兰地区和库尔勒及天山山麓串状绿洲之间的一个重要站点，这条连线就是我们所说的塔里木盆地北缘的天然北道。而刚才提到的这一耕种带正好位于 L.E 城堡、库鲁克河最北支流的尽头。

从上述居址那一地点向西，根据地形地貌来看，我可肯定那条古道一定靠近库鲁克山脚缓坡，这是因为如同现在一样，古代人也要考虑到人畜的饮水、食草和燃料的供应问题，他们也会考虑山麓缓坡上的碎石戈壁比较平坦，交通比较便利，还可免遭洪水、决堤和流沙的困扰。塔里木盆地周围的道路都十分靠近河水，从楼兰 L.A 遗址到营盘的道路，没有与沿库鲁克山缓坡边缘的自然大道相接，其旁边的河道比另一条流向西北、沿砾石戈壁的河流要短得多。我在 1906 年考察过的、位于 L.A 和 L.B 之间的一系列佛塔、佛寺和居址，很可能就是沿着这一条大道分布的。

从楼兰 L.A 遗址发现的遗存和记录表明，该地点在使用末期，应是中国中道的必经之地和行政中心。关于这一点，有许多充分的理由可以证明，如灌溉的便利、农业资源的开发等，但无论如何都不可排除这样一个事实，即从 L.E 城堡遗址向西南至楼兰 L.A 遗址，再向西北到最近的库鲁克山脚缓坡的道路，是一条迂回的道路，因此，在某种程度上，从起点到终点的捷径很可能经常被使用，这就可以解释在库鲁克山脚缓坡边和 84 号营地间我们会遇到古居址的原因。

从前面叙述过的古代居址遗存继续向西北行走，雅丹脊岭渐低，许多小平地显系风蚀所致。我在到达废墟前已注意到这种现象出现更加频繁，到达戈壁边缘时，沙粒渐渐变粗，这说明风蚀力度明显增强，因为地面越宽广侵蚀力就越大，因而造成地平面凹陷。距营地8.5英里的一处泥底的洼地，有洪水（北面山坡的排水）积蓄的迹象。我还遇见被风吹积来的一些奇怪的荆棘球果夏普。这种球果似无根，稍有水汽即可存活，它们可能是从库鲁克山缓坡更高处吹来的。

缓坡最低处实际是砾石戈壁，距刚提到的洼地约1英里。在接近拉尔·辛格的80号营地北面2弗隆（英制长度单位，1弗隆＝201.168米）的地方，出现了一块隆起的宽阔泥地，在遍布碎石的戈壁上，这是更古老的地面的证据，它没有被山麓碎石沉积掩埋。在这块地面上，拉尔·辛格小组中一个聪明的和田人艾则孜，向我指出他以前经过时注意到的一座棚盖墓。它实际上是一种在硬泥地上挖出的竖穴墓，大小约20平方英尺，大体朝东，墓顶有胡杨木粗制的双椽，上面覆盖着密集的小胡杨枝，顶上还铺有一张由成捆荆棘灌木交叉制成的席子。席子上又铺了一层麦草和1英尺厚的硬泥。

墓顶东部的泥土已被风吹走，所以我能直接看到墓内，它深4~5英尺，内置三具棺材。棺材由胡杨树干粗挖而成，两头封以木板。打开靠北的一具棺材后，发现里面填满了硬泥。棺材里的泥土是原来葬入还是由于风吹而填入的，棺内尸骨已在温度等的影响下完全风化，现已无法弄清。位于中部的另一具棺材内，发现有腐朽的人骨和难以打开的大团碎布片，碎布片中许多是旧衣服上的丝绸碎片。第三具棺材位于墓室的南边，我们怕浪费时间而没有打开。墓内成团的泥土，可能是由于细尘吹入墓内逐渐堆积并随潮气影响变硬而形成的。

极少的墓内遗物、粗筑的墓室，本身提供了有益的证据材料。其墓葬结构与L.F台地遗址楼兰当地居民的墓葬截然不同。但它埋葬破旧衣服及残存丝片的方法，与我在L.C墓中发现的埋葬各种遗物的方式相同。最后，随葬的麦草清楚地表明，墓地附近地区从事过农业生产。此外可以肯定，墓地位置选在那里是为了防潮、防风蚀，以免尸体腐烂。

这些推测在我检查L.H小墓地时得到证实。据拉尔·辛格报道，L.H墓位于西北1英里处。我们下午两点到达，因考虑到后面的跋涉及我们如果晚归，在黑暗中会找不到营地，因此我们匆匆地做了检查。该墓地位于缓坡戈壁上的一片低洼地，有四具棺材南北向紧排在一起，半露在碎石地表之上（图41）。一根胡杨柱仍直立着，其山字形顶端仍支撑着一根大横梁，无疑上面曾有过棚盖。篷顶和墙已被风蚀，只剩下碎片和朽木。棺材也一样或多或少受到了风沙的侵蚀。由许多胡杨木拼成长方形的一具大棺材位于最南端，已完全破碎，遗物散布于地。另一具棺材用胡杨木凿成，棺盖已无。

最北边的棺材全长9英尺，损坏较大，用来装殓尸体及其他东西。尸体用各种丝绸和毛织物残片紧紧包裹，与L.C墓的埋葬

图41 罗布沙漠中 L.H 墓地暴露的棺材

方式一样。在棺材顶板附近有椭圆形木盘 L.H.013（图42）及另一件盘的残足。另一副棺材的顶部也发现有食用木盘 L.H.02（图43），圆形，下有短足支撑，足形与尼雅和楼兰遗址的传统狮足样式相同。各种纺织物残片多为丝绸，显系用来包裹尸体的破旧衣服残片。在尸体侧面，还发现两只木杯 L.H.01（图44）和五支木箭 L.H.023（图45）。木箭箭杆上虽有羽毛，但无箭头，而仅把箭杆一端修整成一个光滑的尖，故显系明器。第三具小棺材中填满

图42　椭圆形木盘

图43　椭圆形木盘

图44　木杯

图45　木箭

图46　羊毛鞋

了流沙与碎石，有一件很明显被用于包裹整具尸体粗制的毛织衣服，对包裹四肢的丝织品和羊毛织品残片的保护起了很大的作用。特别重要的发现是一只精织的羊毛鞋 L.H.04（图46），用非常精美的绒绣图案装饰，脚趾部分的纹饰为猛狮、飞鸟，颜色交替，中间饰几何纹，整体做工精湛。

这只鞋子及另一只鞋的残片上的装饰风格，与 L.C 墓出土的织绣残片一样，可以肯定源于本地。但所有的丝绸物无疑均来自中国内地，它们大多是平纹编织的纹样丝绸；此外有一块纹样丝绸残片，为经畦组织，卷云纹。还有一块绛色绮残片，上面有主要由菱形组成的斑点型几何纹的装饰。

尽管小墓地没有发现可断代的物品，然而，就像 L.C 墓出土的遗物一样，该墓地织物的总特征足以证明织物的使用时间正是中原王朝治理楼兰的时期。从墓葬位置来说，埋葬位置较高，显然是为了防潮，而位置选在砾石地，也是为了使墓葬不至于直接受到风蚀。但棺材的保存状况也足以体现出 16 个世纪或更长时间以来风蚀的持久、有力。尽管墓葬选在似乎安全的地点，但风蚀对低处沙化泥土的作用更加迅速，这就有助于解释许多棺材中受风蚀的遗物被收集起来再次埋葬的原因。即使是在楼兰地带仍在利用、向东的沙漠道路仍畅通的时期，这种收集、重埋的现象仍然存在。

两处墓葬区的考察使我们耽搁到下午很晚才开始向营地走去。夜幕笼罩，我们沿着一道严重风化、发红的山岭底脚前进。来的时候，我们曾以拉尔·辛格的骆驼足迹为路标，但现在骆驼足迹已看不见，我们只能依靠灰暗夜幕中的星光及关于河床（峡谷）的粗浅知识来判断方向。我们不知道，阿布都热依木会不会在我们过夜的峡谷处引导我们到达营地。

傍晚7时许，我们终于听到了回应，总算松了一口气。那正是阿布都热依木，他估计我们可能找不到营地，所以出来寻找我们。一路上，尽管我们尽力不让队员掉队，但不料还是有一个人在黑暗中走失。于是，阿布都热依木把我们安全送到营地后，又带着搜寻队出发了，但最终还是没有找到那倒霉的和田人。幸亏他当时穿着拉尔·辛格的皮衣，才挡住了夜间的寒风。第二天，他终于归队，情况还不算太糟糕。

第二天，我们继续向西北方向前行，穿越了一连串较浅的洪积河床及沿路稀疏的荆棘灌木。走了2.5英里，我们到达一个凹陷的洪积湖床。此湖床从乌兰铁门图山下一直延伸到遥远的北方，看上去它已长期不曾蓄水，但它陡峭多石的斜坡，骆驼穿越时还是比较困难。我们爬上了一条岩石裸露的横向小山脉，到达了地图上所标示的损毁的奥波或锥形石堆。此时我们走上了一条小道，它是猎取野骆驼的猎人前往阿勒提米什布拉克时经常走的一条路。我们在行进时注意到，沿路有很多小石堆和其他标志。我们先通过一处风化的平缓岩坡，穿过由风化的连绵岩石覆盖的高原，最后从高出高原上百英尺的横岭顶上通过。我们看见，阿勒提米什布拉克绿洲正位于一片宽广的水蚀洼地的西缘。

我们在走了18英里的路程后，终于到达了目的地。那里茫茫一片繁茂的芦苇和红柳（图47）似在欢迎我们。四处主要的水泉均结着厚厚的冰层，要用大量的燃料才能把它们融开。但最西面

图47　阿勒提米什布拉克最西部泉水上方的芦苇

的泉眼有水可供骆驼直接饮用，足够缓解它们几个星期来的干渴，免得人们烧火融冰。我们的人马将在这里好好休息几天，然后才进一步出发，穿过罗布泊那毫无生机的干涸湖床。

第三章

追寻中国古道

第一节　到楼兰最东部的要塞去

2月21日到24日，我们在阿勒提米什布拉克停留了4天。对于已在沙漠中疲惫不堪并饱经物资匮乏之苦的人畜来讲，这次休整是十分必要的。借此，我们也好为即将面对的艰苦探险做些准备。小绿洲的芦苇滩在冬天看起来一片干枯，不太诱人。但对骆驼来说丰富的苇草很重要，因为它们已长期缺乏食物，相比之下，水还算是比较充足的。我深知，我们的探察要到无水的沙漠深处，并同时保证全部人员的安全，主要得依赖骆驼的忍耐力。现在，骆驼正快活地吃着草，我手下的人也得以抽出空闲做一些必要的修理活动，如整理一下马鞍和所带的物资等。拉尔·辛格正一心一意地为以后的勘察画地图，我则忙于撰写尚未完成的著作，并筹划着今后的探察。

　　虽然我们在死气沉沉的世界中跋涉之后，看到这片小绿洲不免高兴，但阿勒提米什布拉克的环境却实在没什么吸引我的地方。小绿洲最宽处也只有约1.5英里。它接近于库鲁克山脉最南端一条寸草不生的山谷，并处于连接楼兰遗址与吐鲁番盆地的要道上。在楼兰遗址有人定居的时候，这片绿洲可能偶有商旅经过，但目前找不到任何古代遗迹。无论是一小块生着沙漠植被的细沙地，还是附近荒凉破碎的山岩及铺满砾石萨依（戈壁——译者），都没什么特别之处。何况，赫定博士已对这里进行过详细描述。

　　微微的东北风吹起了尘沙。空气中虽然已透露出一点春天的气息，但在我们的停留期间，最低气温仍只有11华氏度。尘沙使我们根本无法望见沙漠以南的昆仑山，下一个冬天我计划对库鲁克山进行三角测量，昆仑山是能将勘察点连接起来的一环。但在我们停留的最后一天，天空变得比较明朗了，于是我们望到了北方和东北方的相当一部分荒凉山脉。拉尔·辛格看到这是个进行平面测量的好机会，就爬上了正北方的一座达坂。这座达坂后来被用作三角测量中的一个点，在地图上的标高为3 960英尺（实际上是4 247英尺）。从那里向北，他第一次看到了一条不太连贯的山脉，阿勒提米什布拉克以前的水就是从那流来的。那条山脉光秃秃，风蚀得很厉害，山与山之间是宽阔无水的山谷。冬天再来临的时候，拉尔·辛格的工作主要就是在那条山脉中进行的。

　　那一天我们的实际准备工作已经就绪。我们又补充了一些冰，并精心储备了燃料。我手下这一组人中有阿弗拉兹·古尔、夏姆苏丁、托乎提阿洪，还有一个年轻的罗布泊猎手。我们有20只骆驼，其中8只驮冰，4只驮燃料，剩下的驮足够让我们维持到敦煌的必要行李和给养。拉尔·辛格手下则有3个人，阿布都热依木那5只健壮的骆驼可以给他们提供可靠的运输保障。

我分配给拉尔·辛格的任务，是勘察大盐泽的北岸和东北岸（这片大盐泽代表的就是古代罗布泊最大时候的面积），并勘察罗布泊东岸库鲁克山脉的那些荒寒的小山。好在头两天，他能在依提木布拉克和考鲁克布拉克的咸水泉里找到冰和一点牧草。据阿布都热依木称，那已是东边最后的咸水泉了，这在一定程度上会缓解他面临的困难。完成勘察任务后，他应该在库木库都克（库木库都克是敦煌—米兰沙漠道上的一口井）与我会合。

我的任务则是要寻找通往敦煌的中国古代商路，即《魏略》中所说的中道。这个任务我酝酿已久，现在终于到实现的时候了。我们将从一度有人居住的楼兰地区边上开始，追寻这条道可能经过的任何地域，一直到它与如今的车马道相交的地方为止。如今的车马道起于敦煌及敦煌古长城的西端，通向罗布泊南岸，并延伸到米兰和若羌。这个任务无论是在地理上还是在历史上都很有价值，它深深地吸引着我。我知道完成它有很大困难，甚至要冒很大风险，但这丝毫没有降低我的热情。

楼兰东北部的考古发现使我觉得，可以把那里作为追寻这条沙漠道的起点，尽管这条道已废弃了1 600多年。但在那里我就预料到，在到达库木库都克附近的当今敦煌道之前，我们是别想找到水的，大部分地方也无法找到燃料来融化我们带的冰。凭以前探险的经验，要走完这段距离，约需10天的艰难跋涉。我们的骆驼虽然勇敢，其忍耐力也是有限度的。它们驮着冰、燃料和其他为安全起见携带的沉重物资，加之在此前的几个星期里它们已经十分劳累。如果没有牧草和水，我想它们是撑不了比10天或12天更长的时间的。我无法预知在这片严酷的荒野中会有什么样不期而遇的困难使我们意外耽搁下来。现在，由于没有一点水，这片旷野似乎显得比地球上的任何类似地方都更加荒凉。

还有许多其他令人不安的因素。我们能恰好找到这条古道吗？能沿着它一直追踪下去吗？古道经过的地区早在史前就不可能有人居住了。由于强大的风蚀作用，即便有人类经过这里的痕迹留下，这样的痕迹也必定是极少极少的。此外，我们也会来不及在大片区域内仔细寻找古代交通的任何遗物。虽然一旦找到古道后，我们便有可能确定下来中国古书中提到的古道沿线几个地点的位置，但关于这条古道路线的记载又太少、太含糊不清了，无法给我们提供明确的指导。因此，尽管对这个问题倾注了大量心血，但我深知，成功与否主要靠天意了。

我们于2月25日早晨离开了这片宜人的小绿洲。当时天空比往常更昏暗，前一个晚上的气温降到了28华氏度，还不是太冷。拉尔·辛格在向导阿布都热依木的引导下，向着东边的依提木布拉克出发了。我则大致沿着南—南东方向前进，从我们以前画的地图判断，古要塞L.F应该在这个方向附近。找到这个要塞之后，我就可以查看一下古道的路线了。我们沿着阿勒提米什布拉克下面那条宽阔的浅谷西边下来，走了约4.5英里的路程，沿途几乎都是风化的岩石。然后又沿着一条清晰的水道走了约2英里。之后我们来到了一条大河床。河床位于铺满砾石的缓坡上，足有0.5英里宽。我们在这里发现了大量的黄杨木，它们都是顺着库鲁克山脉中偶尔发的大水漂到这里的。然后我们又来到了东边一条较小的河床。之后，在离前一个营地约10英里的地方，我们到了缓坡的脚下。凭空盒气压表判断，我们下降了350英尺。

下了山脚，我们过了一片狭窄的潟湖状的洼地。洼地表面的土裂成大块，上面结着一层盐壳，有一个地方还有一小片咸水。无疑，当罕见的雨水降落到库鲁克的外缘山脉时，我们刚经过的那几条河床的水会泛滥到这片洼地中来。阿弗拉兹·古尔后来在1914年的勘察表明，这片洼地继续向西南延伸并变宽了。过了东边的那条小河床后就没有什么灌木了。但当我们穿过这片洼地，并经过了一系列陡峭的土台地之后，我们又发现了一片洼地。它比前一片洼地要宽些，土上也结着一层盐，边上还生着一行稀疏的考鲁克灌木。可以肯定，这里是近期来自库鲁克的洪水能到达的最远的地方了。

过了这片洼地我们又走了一段路。在离阿勒提米什布拉克约11.5英里的时候，我们进入了一片区域。在这里一系列困难阻碍了骆驼前进的步伐。我本打算第一天多走些路，看来这个愿望是无法实现了。先是在约2英里的距离内，我们不得不穿越一系列小风蚀雅丹，它们的走向也是从东—北东到西—南西。光是这一点就足以造成障碍了，因为我们的路线正好和它们形成直角。而且它们都覆盖着发白的盐渍硬土，严重影响了骆驼的前进。对骆驼来讲，这真是一个新的考验。

这些奇怪的风蚀雅丹全是圆圆的缓坡，这是土层先被风蚀作用切割，又经水的作用的结果。这使我觉得，这里之所以形成了风蚀缓坡，以及缓坡上之所以覆盖着厚厚的一层盐，都是因为它们靠近北边洼地。先前，洼地中可能是常年有水的，洼地同这里相比位置比较高，所以那里的水不时会泛滥到这里来。这些风蚀雅丹的形状和颜色，使我很自然地想起了《汉书》和《魏略》关于楼兰道的记载中所说的白龙堆。显然，这里不是白龙堆。因为，不管我急于寻找的古道路线如何，这里离古道都是很遥远的。后来，当我们过了 c_i 号营地后沿着古道继续前进时，又遇到了与此十分相似的一系列风蚀雅丹，对此我毫不感到意外。有足够的文物证据表明，那里就是中国古书中说的白龙堆。

风蚀雅丹的高度越来越小，上面覆盖的盐越来越少，其斜坡也逐渐恢复了由风蚀作用形成的陡峭形状。值得注意的是，在这种变化十分明显的地方，即离出发点 14.5 英里的地方，我们第一次遇到了软体动物的壳，低矮的风蚀雅丹上还有已死的红柳。这都表明，此地曾有过淡水。风蚀雅丹之间的沟底则是一些粗沙。我们已过了一些孤立的台地，在前进路线的左右也不时能看到其他台地。但这时，一块墙一样的 50 英尺高的大台地挡住了我们的去路，使我们不得不向东边绕了一大段路，才找到骆驼能通过的豁口。过了台地后1.5英里的距离内，又是风蚀雅丹，但这里的风蚀雅丹只有15英尺高。在一座风蚀雅丹顶上，我们不仅捡到了一些燃料，还看到了一棵被风严重侵蚀的已停止生长的红柳沙堆（柳冢）。此后又是一连串60英尺高的台地。这串墙一般的台地上有一条豁口，骆驼没费多大力气就得以通过。但自从我们离开石萨依的边上后，这些难行的路已使骆驼经受了严峻考验。考虑到它们已经很疲乏，夜晚也即将降临，我们不得不在总共走了17英里后安营扎寨。附近有少量死红柳的枯枝败叶，使我们能够把所带的燃料节省下来。

　　这一天的行程给我的感觉是：从前当库鲁克河三角洲的最东端仍有一些水，过着半游牧生活的牧人等仍能在那里居住的时候，从石萨依脚下到库鲁克河边植被带之间，是一条完全荒芜的风蚀地带，部分地面上还结着盐壳。在这块地面上，我们没有发现任何人类生存过的迹象。考虑到先前已勘察过的 L.E 城堡遗址和 L.F 台地遗址的位置，我认为必须再朝南边走，才能找到那条古道。

　　2月26日早晨，我们天不亮就起来了，把物资放到骆驼背上。天一亮大家就出发了。从 xcix 号营地起不足1英里的距离内，我们向南走，穿过了一系列80英尺高的台地。台地都为土质，被风侵蚀成了千奇百怪的形状，常常使人想起废弃的要塞、烽燧或佛塔(图48)。前一天的风是从东南吹来的，这极为罕见。而在夜间，刺骨的寒风平息了，空气变得明净了一些。因此，当我们爬上附

图48 在罗布沙漠 xcix 号营地以南的台地中前进

近矗立的一块台地顶上时，很快认出了南边远处那条长长的孤立的山脉——L.F 台地遗址就坐落在那里。由此我确信，我们所转的方向是正确的，也就是说，我们的确应该向先前勘察地区的最东端走。过了台地带之后，地面要好走一些，其中的风蚀雅丹只有4~10英尺高。但走了约2英里之后，地面变成了盐渍的起伏不平的硬土。这又给驼队出了一道新难题，因为在前一天的跋涉中，大多数骆驼的脚已经疼痛不堪了。就在进入这一地区之前，我们发现了一些已死的红柳。在一处红柳丛附近，我们还捡到了一枚五铢钱，说明这里曾经有人来过。

离 xcix 号营地约4.5英里的地方，我们发现自己恰好来到了西边的 L.Q 台地和东边的 L.I 台地之间连线的中点上。阿弗拉兹·古尔在第一次勘察中就发现，L.Q 台地上有一些墓地。根据我的指示，他已于2月16日又勘察了 L.I 台地。他在那里发现了古代的垃圾堆，并在附近拣取了几件小文物。这些都表明，这块台地历史上曾有人居住过。它在平面图上的位置是在楼兰的东北方。而相对于楼兰来说，L.C 墓、L.E 城堡遗址和 L.F 台地也是在东北方。由此我猜想到，那条中国古道的路线应该在东北方。于是我决定直奔 L.I 台地而去。骆驼已经遭遇过考验，这使我更加急于避免任何不必要的行动，以节省时间来实现我们的主要任务。我决定这次就不去 L.Q 台地了，这样就能节省下一天的时间。阿弗拉兹·古尔在汇报中告诉我，L.Q 台地的墓葬与 L.F 台地的墓葬属同一类型，但保存得没有后者好。这多少减轻了我的遗憾。一年后，我才仔细勘察了那里的墓葬。

在我们向 L.I 台地进发的途中，地变得越来越多沙，低风蚀雅丹上也出现了越来越多的已死的红柳。虽然地面的状况有所改善，但驼队却没精打采地落在了后面。当它们总算到了 L.I 台地的时候，我得知一只骆驼已筋疲力尽，几乎走不动了。人们不得不卸下它驮的东西，让它跟在后面。哈桑阿洪强烈要求我马上就地休息——在我的全部三次勘察活动中，都是由他来负责骆驼的。这次艰难的沙漠之行中，他更成了我运输队伍中的顶梁柱。他和其他的人需要用这个白天中剩下的时间和晚上来给骆驼换脚底板。由于在结着盐壳的硬地面上行走，骆驼的脚已经龟裂并起了泡。哈桑阿洪急切地请求我在台地脚下扎营，这样他也能有机会把那头落后的骆驼带过来，而那只骆驼本来我已经觉得不得不命人开枪把它杀死了。后来发生的事表明，我这次作出就地休息的决定是完全正确的。

我们的 c 号营地附近共有三块台地，在地图上我把它们一起标作 L.I。迅速检查了这几块台地后，我发现有确凿的证据表明：当中国商旅出入楼兰之时（甚至更早），这里是有人居住的。台地约 60 英尺高，上面的确没有什么建筑遗迹。但在最北边那块台地的背风坡上，我们发现了大量苇草，其中掺杂着牛粪。这块小台地顶上有一条小沟，将台地顶部分成了两部分。在小沟里我们也发现了类似的垃圾，还有几块用苇草简单编成的垫子。东南的那块台地顶上也有这样的垃圾层。在它的西北坡上，我们捡到了几块破碎的羊皮，衬着编织很稀松的、粗糙的羊毛里子。这一切均表明，这些台地曾是当地牧民的营地。牧人可能只是在夏季才宿营在这里。底下的地面接近河流尾闾沼泽，昆虫肆虐。因此，牧人会乐于栖身在较高的台地顶上。1907 年 5 月，当我们在古长城最西端（那里的长城就在疏勒河尾闾的边上）勘察时，为了躲避昆虫的侵扰，我们也曾高兴地爬到受蚊虫侵扰少些的类似台地顶上。

我在最北边的那块台地脚下捡到了一枚很精致的石箭头，箭头属新石器时代。在箭头旁边，我还捡到了一颗玻璃珠子。这颗珠子表明，历史上曾有人定期在此居住，甚至可能一直到人们最终废弃了楼兰，这里才荒废下来。早在2月16日，阿弗拉兹·古尔就带着几个人初次探访了这些台地。他们仔细搜寻了地面，发现了一些青铜制品的碎片，还有一些石器、粗糙的彩绘陶器。在这里如同在楼兰其他地区一样，风蚀作用把石器时代的遗物带到了地表，与公元后几百年内的遗物出现在一起。

我迅速查看了这几件遗物，了解了一下它们的性质，便着手那件重要得多、急迫得多的任务，即寻找沙漠古道的迹象。从L.I台地的顶上，我在望远镜里看到了北60°东的地方有一块孤立的台地，就与托乎提阿洪向这块台地进发。同时，我还派阿弗拉兹·古尔去勘察一下北—北东方向的台地，它们看起来似乎近些。由于我前进的方向与那些风蚀雅丹是平行的，所以路比较容易走。起初我们看见了不少已停止生长的红柳沙堆，说明来自库鲁克河的地下水曾到达过这里。离开L.I台地后不久，我们来到了一片轮廓清晰的洼地。后来的勘察表明，这片洼地是一处干涸的河床，河是从西北方向流来的。在约有160码宽的河床中部，我发现了一块低矮的台地，上面覆盖着缠结在一起的枯死的苇草，还有一丛已枯死的红柳。红柳丛保存完好，这表明，在不太遥远的从前，水曾经流到这块小台地上，而河床的年代可能要古老得多。小台地顶部要比洼地的岸低10英尺，这似乎更支持了我的上述结论。河床中有棵已开裂的黄杨树树干，看起来已受风沙侵蚀几百年了。

　　穿越了一系列分布紧密的陡峭风蚀雅丹之后，我们来到了更加开阔的地面上，这里受风蚀的作用也更大。最后，我们终于到达先前看见的L.J台地（图49、50）。这块台地长约105码，走向是从东—北东到西—南西，同L.I台地之间的直线距离有4英里。

图49　罗布沙漠中的L.J台地，上面有古烽燧遗址（台地顶上人站的位置就是古烽燧）

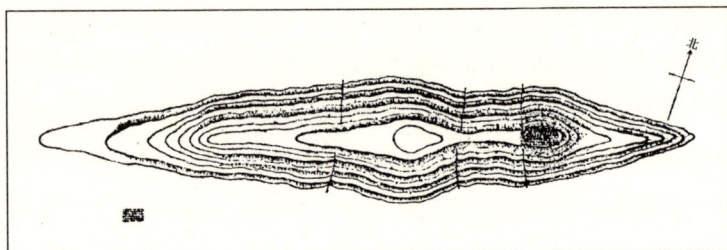

图50 L.J台地平面图

相对于附近的平地而言，它的高度约有40英尺。当我走近它的时候，台地东北部顶上的一座小丘吸引了我的目光。我发现，这座小丘上有一层很厚的柴捆，柴捆层底下是因受风侵蚀而凹陷进去的土壤。这番景象对我来说太熟悉了，因为我在敦煌长城和其他地方曾多次发现，尽管建筑物地基四边底下的土已被风侵蚀掉了，但地基中的柴捆却保留了下来。爬上了台地极窄的顶部后，我发现我刚才下意识的猜想完全得到了证实。

台地东北面的小丘上，有长达20英尺的地方都铺着一层夯得很紧密的红柳枝。至今红柳枝层仍高达3英尺，宽8英尺。在台地逐渐变细的末端，凡是经受住了风蚀作用严峻考验的地方，上面都覆盖着红柳枝。我如今可以确信了，这里的确是一座烽燧的地基。被风蚀作用变得疏松的红柳枝从顶上落了下来，散落在底下的斜坡上。这些迹象表明，地基原来要比现在宽得多。红柳枝层中间有一根用黄杨树做的大柱子，以使地基更加坚固。要塞L.K的墙上和大多数长城烽燧中都有这样的木质结构。沿着台地的横轴，有20多英尺长的柴捆保留了下来，这是因为除四边外，现在盛行风的侵蚀作用在其他地方还未能完全施展出来。烽燧原来是正方形的。烽燧地基的四边之所以已剥落，也正是由于风蚀的作用。

现存的红柳枝层在横向上约长20.5英尺，这恰好与大部分敦煌长城方形烽燧的底部边长相同。长城的墙体和烽燧中也用了类似的成捆的红柳枝，因为中国古代工匠们很乐于把当时附近地面上生长的任何材料应用到自己的工程中去。所有这些证据都使我推断L.J台地上这座烽燧是中国人建造的，并与敦煌长城大致建于同一时期。我发现在现存红柳枝层东南角底下四五英尺的地方，掉落下来的泥土下半埋着一小堆垃圾。证明这座烽燧曾是一个瞭望哨，有人在此驻守过。在这个垃圾堆中，我发现了烧过的红柳、灯芯草垫子的一堆残片、一小堆苇草、大量黄杨木片等。在斜坡往下的地方还捡到了粗糙的陶器残片。

尽管这些东西不算起眼，烽燧遗存也很不醒目，但在L.J台地上发现了它们，这一点具有重要意义，令我兴奋不已。从平面图上看，把从楼兰L.A遗址到L.E堡垒遗址等连起来，就是一条向东北延伸的线，L.J台地也位于这条线上。这不仅表明中国古道曾从这里经过，而且要想追寻古道，我们应该继续向东北方向前进。诚然，如果朝这个方向走，我们就会离拜什托格拉克和库木库都克之间那片山谷状的洼地越来越远。那片洼地里有井和牧草，现在从罗布泊到敦煌的道路就经过那里，因为只有在那里，人们才能指望找到水。楼兰古道上的人们也必定意识到了那里自然环境的优越之处。因此，我们有意背离能将我们带到那片洼地的路线，这一决定最初看起来冒了很大的风险。

但在1907年2月的考察中，我已经对罗布泊那结着盐壳的大湖盆有了不少了解。亨廷顿教授一年多前曾从阔什兰孜出发，勇敢地穿越罗布泊，到达了阿勒提米什布拉克。从他的生动叙述中我也知道，从古楼兰向东南方去的道路，如果直接穿过结着硬盐壳的罗布泊，会遇到很多困难。我还记得，在先前的探险中我发现，中国的工程都极为适合地形上的主要特点，这样不仅能节省劳动力，还能避免不必要的风险。

在中国古代，中道的设计者们只要让中道继续向东北延伸并接近库鲁克山脚，就可以缩短在最难走的地面上的距离。如果绕道而行，他们就可以避免很多困难，并避开地形上的障碍。且不提沙漠中的其他艰难情况，单是这些地形障碍，就是当时和今天的商旅们都无法克服。现在，我们也遇到了类似的困难。实际上随着时间的推移，由于楼兰地区已不再有水，也不再有生命存在，这些困难已变得越来越难以克服了。综上所述，当我断定了台地上文物的性质，我很快就作出了决定：我最好根据文物给予的启示来确定路线，即向东北方前进。

我曾嘱咐阿弗拉兹·古尔注意我的行踪。于是，我们没费多大力气就在各自所在的台地顶上取得了联系。当我从 L.J 台地折回来，向他那个方向走去的时候，我再一次经过了前面说过的那片洼地，但这次所经的地点要高些。从这个地点很容易看出来，洼地的确是一条古老的河床。河床岸的轮廓分明，河床中间有一排红柳沙堆，上面盖着厚厚的一层枯死的树根和树枝。除此之外，宽阔的河床底部已遭风蚀，形成了沟壑纵横的风蚀雅丹。

红柳沙堆的顶部比河床的岸约低 10 英尺。这表明，在红柳沙堆开始长高（红柳由于不定根的作用，在沙埋后仍能长高，于是沙堆也"水涨船高"——译者）的时候，河床已经干涸、没有流水了，但距离河床底部不深的地方是有地下水的。在尼雅遗址南端的古代河床中，我也曾见过同样的一行红柳沙堆。但从我的全景照片中可以看到，那里沙堆顶部的红柳仍是存活的，并且沙堆顶部比古代河床的岸要高出很多。似乎可以作出如下的解释：尽管两个河床的流水大约在同一时期均已干涸，但尼雅遗址的地下水离地表很近，使红柳得以生长至今。而此地是位于古代库鲁克三角洲的最东北端，在河床已干涸之后五六百年，地下水也完全消失了。当然，我所说的五六百年的时间也只是个臆测罢了。因为此地红柳沙堆每百年内增高的速度，很可能与塔克拉玛干沙漠以南有所不同。

这条河床位于 L.J 台地的西面。于是人们大概会觉得，原来流经这里的那条河与库鲁克河最北端的支流有关联。从地图中可以看出，我们把库鲁克河最北的支流一直追踪到了北纬 40°40′ 附近。但我们从阿勒提米什布拉克到L.I台地的途中，并没有经过什么河床。而另一方面，这条河床的方向，与前面说过的位于石萨依边上并出自阿勒提米什布拉克的那条大河床是吻合的——它位于此河床西北约10英里的地方。这两条河床之间存在着什么联系呢？曾流经L.J台地附近的这条河，是否继续流到了阿弗拉兹·古尔在1915年2月穿越的那片结着盐壳的宽阔谷地呢？（那里位于此地东南11英里，当时阿弗拉兹·古尔正沿着古罗布泊湖床的西边前进。）要回答这些问题，只能依靠将来的详细勘察了。我还要指出，从L.J台地折回来的路上，经过靠近古河床右岸的一点时，我捡到了一些陶器残片。它们与在L.I台地得到的陶器一样粗糙。

和阿弗拉兹·古尔会合后，他引着我来到了L.I台地北—北东方向约1.5英里处的一块大台地。这块台地有70多英尺高。在它西北坡上一块较平的地面上，阿弗拉兹·古尔发现了一座墓葬。由于风蚀的作用，墓葬已露出了地面。尸体原来是放在用粗糙的黄杨木树干做成的棺材中的，腐烂得极为厉害，但头上仍有金色的头发。尽管除尸骨外再没有别的东西，但我却看得出，这一定是一处当地人的墓葬。地面上没有发现任何文物。

回到营地后我才欣慰地发现，早晨掉队的一只骆驼，已经被哈桑阿洪带了回来。在把它带回来之前，哈桑阿洪先让它吃了些它背上驮的草料，又给了它一大块面包。人们当场就给它换脚底板。这种做法是很难受的，但总是很有效。别的骆驼也依次接受了这种治疗，因为它们的脚也都划伤了，并裂了口子。要按住一只可怜的骆驼，得需要六七个人才行。在骆驼痛苦挣扎的时候，人们把一块结实的牛皮缝在骆驼脚的肉上，以便遮住受伤的部分。夜已经很深了，但人们仍在忙于这件艰苦的差事。所幸附近还有一些枯木，我们于是生起火来。晚上，借着火光，哈桑阿洪和他训练有素的助手们还给骆驼灌了第一遍菜籽油（据说，这样会使它们在疲乏、饥渴的时候仍能保持体力）。这种液体虽然有好处，却气味强烈，骆驼都不愿喝，所以只能顺着它们的鼻子灌下去。几乎整夜都能听到骆驼在被灌油时发出的哀号声，使别人简直无法入睡。

第二节　龙城的位置

2月27日早晨，人们很早便动身出发了，并不需要我像往常一样费好大力气催促。这是因为，大家晚上虽然仍在劳作，却都已经认识到，要想赶在骆驼还能勉强支撑之前找到水和牧草，就必须每天走更多的路。我们先朝L.J台地进发，前一天我们在那里发现了古代烽燧遗址，因此可以把它作为下一步的起点。在大约走到一半的时候，眼尖的阿弗拉兹·古尔发现，离我们所走的路不远的地方有2枚五铢钱。钱上的字迹虽然被磨掉了不少，但仍保留了下来。走过前面说过的那条干涸河床之后不久，我注意到连古代植被的最后迹象也消失了。显然，我们已经来到了库鲁克河的河水曾到达的最东段，而有水的地方才会有植被。L.J台地无疑是一度守卫着古道的前哨。过了L.J台地后，古道上将不会再有任何古代遗址来为我们指引方向了。一切迹象都表明，再往东去，前方的沙漠在古代和今天是一样荒凉，没有任何植物或动物。结着盐壳的土壤上枯萎、发白的最后几株红柳树干也被我们抛在了身后。身后的这个世界本来有生命，但生命已经都死亡了。而我们将要进入的地区，则是从未有过生命的（古道上偶尔走过的旅客除外）。

从L.J台地的顶上，我们望见远方有一块较长的深色台地。从楼兰L.A遗址以来，我们发现的所有遗址都是大致朝北60°东这个方向延伸的，于是我决定向那块台地进发。我们走过了一带含盐的硬土地，进入了一块风蚀雅丹带。这些风蚀雅丹高只有4~6英尺，雅丹之间小沟的盐层上铺着粗沙。当我们离L.J台地不到1英里远的时候，走在我前面的一个名叫吐尔逊阿洪的赶骆驼的人突然向我报告说，离我们的路线约5码的地方，有一些散落的钱币。（从楼兰遗址出发后我就立下了严格的规矩：任何人在途中发现任何文物，都应该向我报告；在我将文物捡起来之前，谁都不能动它们。）我发现了很多中国铜钱，有20多枚成一堆地散落在含沙的土壤中。它们大致分布成一个条带状。条带的走向与我们的行进路线是平行的，延伸了约有30码长。

我快速研究了一下这些铜钱。它们共有211枚，分成很多组或很多小堆，其分布成的条带不足4英尺宽。它们都是大五铢钱，上面有字。除少数几枚破裂外，绝大多数保存完好。这些古钱一样大小、一样形状，既无磨损，也无缺口，仿佛刚造出来一般。看了指南针后我发现，它们连成的这条轮廓清晰的线是东北—西南走向。可以肯定的是，这些钱是一个车马队遗落的，车马队行进的方向正是我猜想的古道的方向。系钱币的绳子松散了，钱币就从那些人包袱的破洞中神不知鬼不觉地掉了出来。装钱的包袱很可能是放在骆驼背上或车上。骆驼和车的左右摇摆，使得散落的钱构成了有一定宽度的条带状轨迹。

负责殿后的奈克·夏姆苏丁和驼队赶上来了。他查看了附近的地面，结果在一座小风蚀雅丹后面发现了一小堆青铜箭头。箭头所在的地点，位于铜钱轨迹末端南50°西方向约50码的地方。这一发现揭示了遗落钱币和箭头的那个车马队的本质。箭头都保存得很完好，所堆成的堆直径约有1.5英尺。有两枚箭头由于生锈已经粘在一起，说明原来箭头是很紧密地放在一个包裹中或箱子中的。所有箭头都是一个形状，实心刃都是三角形。它们与中国汉代武器中最常见的那种箭头十分相似。我沿着敦煌长城勘察的时候，发现了许多这样的汉代箭头。从敦煌长城获得的文献证据以及箭头的重量都表明，这种箭头是和弩一起用的。箭头和钱币相距不远，而且位于同一条直线上。这说明，它们很可能是汉代从中国内地给驻军运送物资的车马队遗落的。钱币和箭头就丢在地面上，当时车马队中的人以及后来的过路人都没有将它们捡起来。从这一点判断，那个向楼兰前进的车马队是在夜间经过此地的，并很可能离主路有一段距离，但方向仍是正确的。当时地面上盖的沙子可能比现在要厚。如果是那样，即使附近的古道上几百年中仍有人员往来，这些小物件也有可能逃过人们的视线。

在行程的一开始我们就幸运地发现了这些东西，这对完成我的任务来说是极为重要的。它们更加证明，我先前在L.J台地确定的路线，的确就是那条中国古道的路线。在几百年的时间里，中国的政治使节、军队、商旅都是沿着它穿越这片荒无人烟的地区。这些钱币和箭头还有一个好处，对此我十分感激：它们极大地鼓舞了我手下人员的士气，令他们迷信地充满了信心，觉得有神灵在保佑着他们。即便是我本人，当我把那条从西南向东北延伸的清晰的线指给哈桑阿洪和我的其他新疆仆人们看的时候，也不免感受到一种奇异的振奋。就仿佛在古代，沿这条沙漠道行走的吃苦耐劳的那些中国人中，有一个善良的人，当时他曾吃了数不清的苦，现在他通过这些文物来给我们鼓劲，告诉我们："你们走的方向是正确的。"我小时候曾经读过朱列斯·凡尔纳的小说，其中有一些扣人心弦的故事我现在还模糊记得。这次经历以及几个类似事件，使我有时候觉得，自己仿佛生活在凡尔纳的小说里。

过了发现钱币的那一点后，有1.5英里的地面仍是结着盐壳的土壤，并分布着低矮的风蚀雅丹。之后，我们穿越了一个微洼的地方。这片洼地只有约0.25英里宽，结着一层光秃秃的发白的硬盐壳。此后的地面上，盐壳逐渐让位于风化的土壤，土壤中掺杂着不少片状石膏，时不时还有一层很薄的粗沙。骆驼在这种地面上能走得很快。离开 c 号营地 7.5 英里后，我们到达了从 L.J 台地看到并被定为目标的那块又长又窄的台地。站在这块台地顶上向东北望去，相当一段距离内仍是平坦的地面，台地北边则连着一行行其他台地。我们继续沿着从 L.J 台地以来所遵循的方向走，逐渐走近一行外形很粗犷的台地。它们位于我们的左面，质地是红土。向南方和东南方，我们只能看见几块孤立的台地耸立在广阔的平地之上。平地一直延伸到地平线上，从远处看像是盐碱。那块平地就是古代罗布泊的西湖滨。

这样在足足 10 英里的距离内，我们都是沿着一块台地的南部边缘走的。风把那些台地塑造成了千奇百怪的形状，看起来就像是大厦的废墟、棱堡状的城墙、塔或佛塔。它们全是红色的，仿佛是砂岩构成的。台地分布得很紧凑，我估计它们该有 80 多英尺高。我努力确保我们的方向是朝着东北，即便是为了骆驼，我们也该向这个方向走，因为这个方向是没有台地的。台地外层是一些雅丹，实际上就位于路边。它们高约 20 英尺，比较窄。一律是南 20° 西到北 20° 东走向，与楼兰地区的所有风蚀雅丹都明显不同。从路上用棱镜罗盘来看，那一排排台地与这些雅丹是同一走向的。我们从阿勒提米什布拉克出发后，在 xcix 号营地附近曾经路过一些台地，它们可能与这里的台地是相连的，但它们的方向却与楼兰地区的风蚀雅丹基本吻合。因而，这里台地的走向就更引人注目了。我们实地勘察了一些台地的斜坡，发现那里与附近的地面一样，覆盖着已裂开的片状石膏。

走了15.5英里后，我登上一块台地以确定方向。从那里我向北眺望，发现北边的地势似乎高了些，台地也逐渐变少了。但当时刚好刮起了西南风，地平线被风沙遮住了，使我没有看见北边的砾石缓坡。在离c号营地有18英里的时候，我们终于到达了最后一块台地，这个台地有40多英尺高，还有个佛塔一样的圆顶。现在出现在我们眼前的，是一块向东和东北延伸的光秃秃的平原，几乎可以称作一马平川。在北一北东方向，台地呈弧形向一某点弯过去。后来，阿弗拉兹·古尔于1915年2月21日进行的勘察中，就是在那一点到达了依提木布拉克底下的石萨依的最低点。为了让骆驼尽量在这良好的地面上多走些路，我们又往前赶了4英里。这4英里中，土壤和以前差不多，只是有些地方因为覆盖了一薄层盐而变得稍微有点硬。今天一整天骆驼的状态都极好。前一天受苦最多的那只骆驼今天被牵在驼队的最前面，并且没有让它驮东西。从早晨出发走了11个小时后，驼队终于到达了一小块较软的地面。我决定在此宿营。

在这一天的行程中，除了在过了L.J台地后发现了钱币和箭头，我们没有找到中国古道上的其他遗物。但我们所穿越地区的自然特点，却有助于澄清一个关于楼兰地区古代地形的有趣问题。在《西域考古图记》中，当述及提到楼兰的中国史书时，我曾详细地叙述了见于《水经注》中的那些重要细节。《水经注》是郦道元于公元527年之前的某些时候写的，沙畹先生第一个翻译了其中的一些段落。在《西域考古图记》中我说到，郦道元记述的内容来自年代更早的书籍。他说，北河向楼兰城流去，并最终流向蒲昌海。这一记载与我们观察到的库鲁克河曾流经地区的水文状况十分吻合。我在《西域考古图记》中还指出，我认为郦道元《水经注》最后部分提到的龙城，应该就在我们今天经过的那块辽阔的台地中。下面我就引用一下郦道元关于龙城的记载，并说明我是如何确定龙城的位置的。但在此之前，我应该再简单总结一下在此前走过的路上获得的资料。

从一开始我就看出，郦道元提到的北河就是库鲁克河。这是因为《水经注》中说："河水又东径墨山国南。"墨山在《汉书》中又被称作山。我们已断定，墨山就是库鲁克山的最西段。《水经注》中还说"河水又东径注宾城南"。我在别处已经说过，注宾就是现在库鲁克河上游的营盘遗址。《水经注》中接着是这样说的："又东径楼兰城南而东注。"在此，郦道元提到了驻扎在楼兰城的中国兵营的故事。我在《西域考古图记》中澄清了这个故事。它表明所谓的楼兰城，指的就是楼兰 L.A 遗址及其附近地区。《水经注》中说河水从城南流过，这与我们的勘察结果完全吻合。我在前面说过，在我们从南边朝楼兰 L.A 遗址前进的途中，经过了一系列古河床。它们都是库鲁克河的分支，都呈三角洲形状，有几条还很宽。而在楼兰 L.A 遗址的北面，我们只遇到了几条很小的干涸河床。

《水经注》中的下一段是我们此处要集中讨论的地方，我最好把它的全文摘录下来：

河水又东注于泑泽，即经（《水经》）所谓蒲昌海也。水积鄯善之东北，龙城之西南。

龙城，故姜赖之虚，胡之大国也。蒲昌海溢，荡覆其国。城基尚存而至大，晨发西门，暮达东门。浍其崖岸，余溜风吹，稍成龙形。西面向海，因名龙城。

要想解释郦道元提供的这些地形学上的重要信息，有两幅在1914年和1915年勘察基础上绘制的地图可以给我们指导。从地图上可以看出，我们在楼兰遗址以南经过的那些古代河床构成库鲁克河三角洲的一部分，它们必定向东终止在沼泽之中。这些沼泽是一条结着盐壳的大湖床的西段，此湖在《水经》和《汉书》中有时被称作蒲昌海，有时被称作盐泽。大湖床早在沼泽干涸之前就已干涸很久了。沼泽也就是泑泽，古楼兰河床中的水就流进了这里。与此极为相似的一个例子是，如今在同样结着盐壳的罗布泊湖床的最西南端，也有淡水沼泽喀拉库顺，那里是塔里木河的尾闾。

1915年2月，我让阿弗拉兹·古尔勘察了 ccxxxix.a 号和 ccxli.a 号营地之间的区域，这次勘察是在流进罗布泊沼泽的古河道沿线进行的。从地图中该沿线的地貌以及阿弗拉兹·古尔的日记中可以看出，他接连遇到了几条干涸的河床，有些河床中还有从高处岸上冲下来的已死的黄杨树干。河床最后消失在东南方那结着盐壳的大泽之中（盐十分坚硬，并起了皱），这片大泽就是从前的罗布泊湖床。河床尾闾40英里的范围内，从东北向西南伸展着一片结着盐壳的土地，有些地方还有已死的芦苇和红柳。这块土地古代就是河水流进的沼泽。当楼兰地区仍有人居住的时候，这片沼泽形成了古代罗布泊湖床的西湖滨。今天的旅行者如果沿车马道从阿布旦向敦煌去，头两天内，他会经过喀拉库顺那些湖滨沼泽。他可以看到，那里盐化的过程仍在继续。由于那些沼泽离塔里木河尾闾很遥远，在从前很长时间内，流进它们的水越来越咸，即便这样的水也是偶尔才有。最后，由于塔里木河收缩，或改了道，沼泽便大部分干涸了。

关于库鲁克河注入的渤泽，郦道元告诉我们："水积鄯善之东北，龙城之西南。"（《水经注》）米兰和若羌是古代鄯善仅有的可从事农耕的地区。如果对照一下地图中米兰、若羌的位置，与上文说的库鲁克河尾闾的位置，我们一眼就可看出，说渤泽在鄯善的东北是完全正确的。既然渤泽也是在龙城的西南面，我们自然应该继续向鄯善的东北方寻找古代的龙城。

但我可以完全肯定地说，不论在有记载的时期还是在史前，这个方向上都不可能有任何实际意义上的城存在。我们已经知道，当楼兰道仍有人行走的时候，楼兰 L.A 遗址东北面大概只能给散居的当地牧人和猎人提供极少的生活资料。走到 L.C 墓附近时，最后一棵死树也被我们抛在后面了，这棵树说明以前河畔曾有过树林。过了接近 L.I 台地的一点后，所有古代植被的迹象便完全消失了。同样，拉尔·辛格他们向北经过的地区也只有光秃秃的土、盐和砾石，完全是一片荒芜景象。附近地区库鲁克山的荒寒山岭里也根本不可能存在过大的居民区。由此而来，我不得不得出这样的结论：郦道元所说的龙城实际上并不是一个遗址，而只是一个地点。在地貌特点的激发下，人们凭想象以为那里曾有座城。

《水经注》中模糊地提到姜赖国这个胡人（即野蛮人）的大国，还说此国都城被泛滥的蒲昌海淹没，但仍保留着广大的地基。这一切都使人觉得，龙城不过是传说的产物。有一个重要事实证实了我们的这种印象。郦道元对地形清晰可靠的描述，将我们引向鄯善东北。在那片土地上，我们发现了一个引人注目的地貌，可以用它来解释，为什么会有上述传说。

这个地貌就是那片广大的带状区域，其中全是高大的台地。我们在 L.E 堡垒以北第一次经过了这块台地。而 2 月 27 日我们沿中国古道前进时，就是顺着台地带边上走的。台地都很陡峭，仿佛墙一般，顶部被风塑成了千姿百态的形状。古代的行人很容易就把它们想象成某座大城废墟中的墙、塔和大厦。当我们作为几百年来的第一批行路人，从这片沉寂而荒凉的台地带旁走过的时候，心中也产生了同样的想象。我的新疆仆人就把它们当作了废城。他们总是让我看那些台地的圆顶，以为那是炮台（即佛塔），还觉得我们应该去那里勘察勘察。我曾反复指出过，从很早时候起，塔里木盆地中的人们就总是想象沙漠中有废城。在乌什地区就流行着一种传说，认为在喀卡亚德那些奇怪的锯齿状石峰中有座古代城堡，城堡里全是珠宝。这个传说清楚地说明，人们很容易根据地貌特点而杜撰出传说来。西方的民间传说中也有类似情况，在山区尤其如此。

还有一个记载乍看起来似乎荒诞不经，事实上却直接支持了我们给龙城的定位。我指的是《水经注》中称，龙城极大，从西门到东门的距离相当于人一天中所走的路程。实际上，我们从 L.I 台地沿直线足足走了 18 英里，才走完了台地的南部边缘。而且，从地图中看得出来，台地向我们的出发点 L.I 台地的西南方还延伸了约 4 英里。

既然已认清了古道的路线，我们就必须快速前进，所以我无法对台地进行详细勘察，对此我感到十分遗憾。因而，我无法知道《水经注》中说的龙城的那条运河在什么地方。《水经注》中称，运河位于陡峭的龙城脚下，其遗迹还保存了下来（运河之说，实际是作者的误译所致——译者）。郦道元最后说龙城似乎是因一条土岭的形状而得名的。我更加无法确定这条土岭的位置了。

但有趣的是，郦道元说"余溜风吹，稍成龙形"。在这一点上，他似乎正确认识到，风蚀作用是产生当地地貌的主要因素。他说龙头转向西方，望着蒲昌海。而每块台地一般都是北—北东到南—南西走向的。这两者之间是不是有什么联系，还是个悬而未决的问题。即使重新考察这块奇异的台地，也未必能对这个问题作出明确的回答。我的亲身体验表明，郦道元关于龙城附近地区地理状况的描述是完全正确的。这使我们更加相信，上文引用的郦道元的文字以及他对楼兰地貌的其他描述，都是引自某个权威性资料，这个资料的作者对当地情况是十分了解的。

第三节　穿越结着盐壳的罗布泊

在 ci 号营地，展现在我们面前的是一片很容易走的土质平原。于是我起了个念头，想不再继续向东北走（我们一直认为古道是向东北方去的），而是大致取正东方向。我知道，前面就是古代罗布泊的湖床，湖床上将是坚硬的盐壳。我希望尽量缩短不得不在盐壳上行走的距离。而另一方面，我们也不应该向库鲁克山的陡坡靠得太近，以免偏离去往目的地的最近路线，因为我们的最终目的地是东南方库木库都克的水井。2月28日清晨我们动身的时候是多云天气，北面的库鲁克山脉显得异乎寻常地近。犹豫了一阵后，我最终决定，把东边平原上一个孤立的突出地点（显系一块台地）作为我们最近的目标。

走了还不到0.5英里，我就亲手捡到了一枚五铢钱。它说明虽然我们改变了方向，但离那条中国古道的路线还不是太远，我这才放了心。然后，我们一气向前走了5.5英里。地表虽然仍是一层土壤（其中含着大量的页状石膏），但由于盐分越来越多，地面也越来越硬。对此我并没有太在意。终于，我们到达了那块台地。

它比周围的风蚀地表要高出25英尺，上面也结了一层盐壳。

在这块台地上，有一个奇特的发现正等待着我们。我正想爬到台地顶上眺望一下前面的路，手下的一个人却在台地的西边脚下发现了三枚五铢钱。这三枚古钱排成一条线，彼此相距约1码。我把它们捡了起来，发现它们在含盐的土上留下了清晰的痕迹。然后，在台地东北坡距地面约5英尺的地方，我们发现了一个精美的铜钩，它很可能是某个扣环的一部分。同一地点还发现了一个钻孔的装饰性铜球以及一块生锈的小铁片。之后大家立即仔细地寻找起来，并在台地的南坡离地面约10英尺高的地方，发现了一个马衔铁的大部分以及一根带环状柄的小铁钎。不远处发现了铁匕首，它虽已生锈，但保存得较好，原来是护手盘的地方保留着一部分横档。匕首从刃到柄长9英寸。最后，我们在北坡离地面约8英尺高的地方，又发现了两枚保存良好的带字的大五铢钱，还有一颗精巧的淡绿色玻璃珠子。

在这块小地方发现了这么多文物，这真是个出乎我们意料的戏剧性事件。毫无疑问，这些文物都属于通向楼兰的中国中道仍有人行走的时期。不仅五铢钱给我们提供了年代上的启示，而且那根小铁钎的形状和质地，也与1907年从敦煌以西、以北的汉长城几座烽燧中发现的两根铁钎完全一样。在这里发现了这么多文物，这说明，虽然我们偏离了依据以前发现的东西所确定的那个方向（东北方向），但是好运气却把我们带到了这里。这正是我要追寻的那条古代沙漠道上人们歇脚的一个地方。

虽然我对这件幸事及其能提供的启示感到欢欣鼓舞，但还有两个令人大惑不解的问题没有解决。第一个问题和当地有关。除了前三枚五铢钱，所有的文物都是在台地的坡上发现的。起初我想当然地以为，它们是在风蚀的作用下才到了那里的。它们可能原来是在台地顶上的，但风把顶上的土吹走了。我们在 L.C 墓所在的坡上发现的金属器具就属于这种情况。但我极为细致地查看了这块狭窄台地的顶部后，并没有发现任何建筑物的遗迹。按说，风今天依然应该有效地发挥着剥离、挖削作用，但结着盐壳的山坡却是浑圆的，否定了这个假设。我于是猜想，台地坡上可能曾有过不深的洞穴或不大的小平地，可以作为简陋的藏身之处。我在与此类似的 T.XIV 孤立小土山上就发现过这类结构，那座土山曾是长城上古代玉门关驻军的所在地。文物可能是在这里歇脚的行路人遗落的。土逐渐分解，那些半洞穴似的小屋于是渐渐不复存在。而同时，风蚀作用的过程虽然很缓慢，仍足以使小屋地面上的任何硬东西都露了出来。当然，这些都只是猜测而已。

另一个问题是我在台地上眺望到的景象引发的，当时它比前一个问题远为吸引我的注意。在台地顶上，我很自然地把目光转向东方，想要看一下预想中的那条路线将把我们带到什么地方。但0.5英里远的地方，无数连绵错综的平行高岭阻挡了我的视线。这些山形状都像风蚀雅丹，但都覆盖着一层白色盐壳，闪闪发光。我所要寻找的那广袤的干涸湖床完全被它们遮住了。这结着盐壳的骇人山岭马上使我想起了令人们谈虎色变的白龙堆，所有关于楼兰道的中国早期记载中都提到了它。我还不知道该怎样穿越这片山岭，但有一点是明确的：人们之所以把我站的这块小台地当作歇脚的地方，很可能是由前面的地形决定的。当古代的行路人艰难地穿越了覆盖着硬盐块的干涸罗布泊朝西走时，这块台地脚下是他们过湖床后遇见的第一块含盐较少的平坦地面。而东去的人们会像我们现在一样，面临着结着盐壳的白色山岭。那些错综的山岭明白地标志着硬湖床已临近了，而两者几乎一样可畏。在过湖床之前，人们需要舒舒服服地宿营休息一下。

我们有幸在台地上发现了文物，这激励着我们继续向正东方向前进。土壤很快被盐取代了。过了最外边的那条结着盐壳的岭后，我们来到了被这条岭遮住的一片洼地。洼地中的盐结成带褶皱的硬块，就仿佛这片洼地是那干涸罗布泊边上的一片小水湾，而水湾中微微起伏的波浪都在刹那间凝固成了盐似的。对骆驼来说这个地方实在是太难走了。离台地1.5英里时，我不得不下令把前进方向改成北80°东，这样就能到相对好走的地方去。所谓相对好走的地方，就是结着盐壳的山岭之间那一块块柔软的棕色肖尔（盐碱地——译者），即浸着盐的土壤。我注意到，在这些肖尔之间有一些湖状的小洼地，洼地中是一大块纯盐形成的平坦的表面。但盐裂开了缝，形成了很多比较规则的五边形。这些盐面的位置和平坦程度，说明它们可能是在水汽的作用下形成的。这个过程的起因和性质大概是这样的：在脱水的过程中，盐分解成了块（盐块的边是皱起来的）。后来又出现了水汽，盐块在收缩的过程中就形成了凹凸不平的形状。如果把这一过程的作用时间加长、作用范围加大，它就会把广袤的古代罗布泊湖床底部都盖上盐。坚硬的盐将结成起伏不平的块，有的地方收缩成无数个水泡状结构，有的地方则因挤压而形成错综复杂的岭状结构。

这样，我们穿越一行又一行结着盐壳的小山，艰难跋涉了2英里。小山都像风蚀雅丹一样是平行的，但它们的走向是北北—东到南—南西，与我们向东的前进方向几乎成直角。风蚀雅丹都是很陡的，但这些小山比较圆，坡也比较缓。开头几座小山高只有10~15英尺，但即便如此，骆驼也翻不过去。山与山之间的豁口上又一律覆盖着支离破碎的硬盐块，比山间小谷地上那起褶皱的肖尔更难走。驼队远远地落在了后面。在离前一个营地9.5英里的时候，我爬上了一座高约30英尺的结着盐壳的大山。这时，仆人向我报告了令人不安的消息，说骆驼遇到了巨大困难。我从山顶上向前方看，满目荒凉景象，其他方向也都是如此。目之所及都是结着盐壳的错综小山。它们形状扁长，不像风蚀雅丹那样棱角分明、轮廓清晰，而是奇怪地扭曲着。一行行山与山之间是盐结成的凝固的河流。盐表面因挤压而形成突起部分，不禁使人想起小冰川来。我根本看不见罗布泊那开阔的大湖床，尽管这个湖床的表面很难走，但我现在却热切地寻找着它。

我毫不知道这令人发愁的白龙堆究竟何时是个尽头。如果仍向正东去，就得强行穿越这座山岭。那样一来，不等走到辽阔而坚硬的罗布泊上，某些骆驼就有可能支撑不住了。而且，看起来即便在古代也根本不存在横穿这些可怕山岭的路。因此我确信，我们能走的唯一方向，就是沿着北20°东—南20°西一线走，直到走到较易行的地面为止。结着盐壳的小山就是沿这个方向伸展的。

要达到这一目的，我们既可以把方向转向北—北东，也可以转向南—南西。考虑到古道路线比较明确的地方大致是朝着东北去的，因此我决定转向北—北东方向。但如果当时有时间勘察一下南—南西方向，我很可能会更愿意走那个方向。因为一年后，我派阿弗拉兹·古尔回到这块令人生畏的地面上进行补充考察，根据我的指示，他从上述地点向南—南西进发，走了约2.5英里后，就来到了覆盖着柔软肖尔的开阔地。他甚至发现了一小块裸露的泥土地，土中含有石膏。如果他在那里宿营，就可以望见罗布泊那海一般辽阔的盐面。

于是我回到了驼队休整的地方，带着它们向东北前进。我们尽量贴着雅丹的脚下走，因为那里的盐壳不像盐河中间地带那样支离破碎（图51）。我注意到，每到成行的雅丹出现缺口的地方（即两条盐河交汇的地方），由于压力变大了，硬盐块形成的波浪的波峰是最高的（比周围地面要高出2英尺）。这种地方也是最难走的。从我们发现钱币等物的那块台地走了约6英里后，结着盐壳的山岭高度逐渐变低，岭与岭之间的盐流中也开始掺杂着泥土和粗沙。又走了2英里后，我们来到了渗透着盐的一长条柔软的棕色地面，这对骆驼来说真是一个解脱。

在离发现钱币等物的那块台地9英里的地方，我们进行了平

图51　在 cii 号营地（位于罗布泊干涸湖床边）东南的雅丹地貌中跋涉前进

面定位。这里看起来更开阔些，于是我们重新把方向定在了北55°东。向北只能看见风蚀雅丹般的小山，而东北则是成行的发红的台地。台地像塔一样高大，与小山形成强烈对比。台地看起来很遥远，可能我们看见的只是它们的顶部。再往前走又看不见它们

了，因而无法确定它们究竟有多远。我总是觉得这些台地可能与拉尔·辛格勘察的位于他89号营地以西的那一带风蚀台地类似。越往前走雅丹越矮，最后便只是地面上的小鼓包了。小鼓包分解的土壤中掺杂着大量页状石膏，这表明鼓包所在的地方以前也是

风蚀雅丹。

从捡到钱币的那块台地走了约10.5英里后，我们来到了与那块台地所在的地方类似的地表。这里一马平川，上面稍微结了层盐壳，还有一薄层粗糙的流沙。又过了2英里有座孤立的小山丘。我登上它向东眺望，看到又有一行熟悉的结着盐壳的白色山岭向东北方远远地蜿蜒而去。我认为它可能与拉尔·辛格标在平面图上的风蚀雅丹带是相连的，那一风蚀雅丹带位于他的89号营地东南约5英里的地方。眺望到的景象使我决定放弃继续向东北走的计划，改向正东方向走。看起来在正东方向上，结盐壳的山岭形成的屏障是最薄的。我们又向前走了约1英里，所经地面仍是很好走的分解的土壤，然后是一片较浅的洼地，洼地中是成行的结着盐壳的低矮小丘，小丘之间是平坦而坚硬的肖尔。幸运的是，在风的作用下，肖尔上覆盖了一薄层深色的粗糙砾石，走起来就不那么困难了。

在这里结着盐壳的成行的风蚀雅丹，也是北20°东—南20°西走向。又走了约1英里后，风蚀雅丹带变薄了。当我们在傍晚来到风蚀雅丹带东边时，我终于看到了那辽阔的结着一层盐壳的平原。这就是古代罗布泊的真正湖床。我知道，楼兰古道一定穿越了这条湖床，而明天我们将面临同一个艰巨任务。我在风蚀雅丹带边上找到了一个能扎营的地方。既然明天要面临严峻考验，能找到这个地方我很高兴。那里也有盐，很硬，但比较平坦。人和骆驼这一整天走了接近21英里，现在终于可以比较舒适地躺下了。但我们在把帐篷的铁钉钉进地面的盐层中时，却着实费了不少力气。

　　人们晚上大部分时间都用来给骆驼换脚底板，骆驼的脚又在风蚀雅丹之间坚硬的肖尔上走破了。前面走过的那段地面真是荒凉。所以，3月1日，当我们在晨光中，从最后一行风蚀雅丹的顶上看到东方和东南方那平坦辽阔的古代大湖床的时候，大家不禁长出了一口气。湖床上只有远方有几条低矮的孤立小丘。通过高倍望远镜我只能看出，它们是一些小山的山顶，小山应该是那条叫北山的低矮沙漠山脉的最西段与干涸大湖床相接的地方。不论我们将要穿过的古湖床有多大，行程有多艰难，看到远处这些小山，我们就知道，早晚我们会到达对面的"陆地"。北面和东北的地平线上也是连绵的小山，看起来遥不可及。这些小山证实了我的判断。从已有的证据我就知道，古道必定穿越了古湖床，而且其路线不会在离我们现在站的地方太朝北的地方。在现在这样的地面上，即使在不影响安全的情况下我们有时间寻找古道，但在这里找它又有什么必要呢？

　　古罗布泊的湖滨很容易分辨出来，那就是从最外边的风蚀雅丹脚下一直向平原倾斜下去的含盐的土壤。由于坡度极缓，所以很难判断完全成水平一线的湖面比湖滨低了多少，但这个相对高度的下降不少于30英尺，甚至更多。我本打算朝东南方那遥远的山顶去的，但当我们从风蚀雅丹脚下往下走的时候，小山顶却看不见了。而南94°东那个方向上却可以看见不长的一行小山的轮

图52　驼队穿越起伏不平、结着盐壳的罗布泊干湖床

廓，像岛屿一样矗立在地平线上。这行小山可以作为我们的短期目标，因此我们便朝它进发了。从离开湖岸起0.5英里的距离内，盐面比较平坦，走起来还可以。但此后便是似乎永无尽头的皱起来的硬盐块。盐块的边是斜着翘起来的，一般比压在底下的盐块高出1英尺多（图52）。这参差不齐的边一律是纯白色的盐，但盐

块的表面一般有点发灰，大概是掺杂了细尘土的缘故。

即便穿着结实的靴子，走在这片凹凸不平的盐壳上，脚依然会很疼。但最开始的时候，骆驼的状况比我预期的要好。这是因为骆驼步子大，可以选择不太突起的地方放脚，避免踩在最尖利的盐块边上。走了约8英里后，我早晨在营地看到的东南那行低矮的小山顶，又出现在模糊不清的地平线上了。由于东边的小山看起来仍和以前一样遥不可及，我决定改方向，向东南的小山前进，以便缩短与这片"死海"东南小水湾的距离。米兰到敦煌的车马道就是顺着这个小湾的边上延伸的，那条道上有水井。我们很快看到，在南—南东方向更遥远的远方，似乎是一个孤立而突兀的岬的顶部。我认为那是小水湾岸上的荒山突出到干涸湖床中的一角（后来证明我的判断是正确的），我在1907年考察的途中曾见到过这个岬。

现在我们知道了，早晨在营地看到的东北方那些岛屿般的小山顶，与干涸湖盆最北端岸上的低山是连在一起的（湖盆最北端位于考鲁克布拉克以东）。在这里可以看到，越朝东去，山似乎越矮（拉尔·辛格曾从那个沙漠山脉脚下不远的地方经过，他用测角仪测量得出的结果证明我们的判断是对的）。我们的平面交叉图清楚表明，那座山脉向东北方弯了一下，可能围住了与罗布泊这个古代盐湖相连的一片水湾，拉尔·辛格后来所走的路线正经过这片水湾。这证明我们继续向南走避开这片水湾是完全正确的。

我们沿着新方向（即南120°东）跋涉了2英里后，走起来更加艰难了。盐面看起来就仿佛是一片波澜壮阔的大海，上面奔驰着数不清的"白马"（每匹"马"高2英尺），"马"突然之间都变成了坚硬的盐。有些突起的盐块不大，边像锯齿一样锋利。骆驼腿虽长，却无法避开这些小盐块，因而脚都划破了。我真不知道它们还能坚持多久。实际上，每次当我定好平面方向后跟着驼队匆匆前行的时候，都注意到它们走过的路上留下了斑斑血迹。这一景象着实令人痛心。而且，从这里往前，骆驼还遇上了一个新难题。这里的盐面上嵌满了奇怪的挨得很近的孔洞，孔洞一般深3~4英尺，开口处的宽度比3~4英尺稍小些。孔洞边上一律堆着颜色较深的盐块，看起来就像是浮冰（图53）。"浮冰"块参差错落，仿佛底下有什么力量把它们扯开了似的。关于它们的成因，我没能得出任何明确结论。

　　艰难跋涉了12英里后，我们看见远处有一行白色的风蚀雅丹，风蚀雅丹的背景是颜色较深的突起的地面。这时大家真是松了口气。这些结着盐壳的雅丹虽然也不好走，却表明"陆地"已经不远了，大家如何能不高兴？此后，我们又强拖着疲惫的身体往前走了5英里。过了这段后，盐壳变得不那么坚硬也不那么凹凸不平了。夜幕降临时，我们终于到了结着盐壳的风蚀雅丹带边上。这一天我们总共走了19英里。我高兴地发现了一小块柔软的地面，那里棕色的肖尔下是由粗沙构成的土壤，人畜都可以扎营歇息。我对上天的厚爱深为感激。当后来骆驼在夜色中姗姗走来的时候，我的感激之心更重了。我意识到，有了这块地方，人畜就避免了

图53 罗布泊干涸湖床上堆积的盐块

在无处安歇的地面上过夜的厄运。后来几天的行程证明，我们越过罗布泊盐壳的地方正是它最窄的地方。因此，我十分庆幸有那些迹象引导我选择了这条路线。

有一只租来的骆驼在离营地还有几英里的地方就无力行走了。我派人从营地走回去，把它带来。但在黑夜中人们没能找到它，直到第二天早晨它才被带上来。大多数骆驼的脚也裂开了，一碰就痛。人们整夜都忙着给痛得最厉害的骆驼换脚底板，凛冽的西北风使这项工作进行得极为艰难。现在，同其他苦痛相比，骆驼感受最深的似乎是饥饿，人们费了很大的劲才阻止它们在跋涉途中啃吃彼此背上驮的苇草。一到营地，背上的重物一卸下来，它们就急不可耐地啃吃含盐的柔软土壤。当那只中途掉队的骆驼第二天早晨被带上来时，我们从应付紧急状况的骆驼食物中拿了油糕给它吃，还让它喝了不少融化的冰水，虽然如此，它的体力仍无法恢复。最后，它虽然没驮东西，仍然跟不上队伍。走了几英里后，我不得不用枪射死了它。这是我在所有沙漠探险中损失的唯一一只骆驼。

3月2日早晨，队伍继续沿着先前的东南方向前进。我们先是穿越结着盐壳的风蚀雅丹。它们与湖盆对岸的风蚀雅丹属于同一类型，高20~25英尺，最初2英里内排列得很紧密，使我们不得不老是绕道。雅丹间的小谷上覆盖着一层坚硬的盐，但这里的盐块比较大，而且相对比较平，同前一天相比，似乎容易走些。再往前风蚀雅丹之间的地面越来越宽，宽100~200码，结着盐壳，比较平坦，上面只看得见微微突起的含盐的小土丘，或是些坡度很缓的小丘。雅丹本身仍形如墙一般，一律是北30°东—南30°西走向。在从营地开始的前4.5英里内，雅丹上都结着厚厚的盐壳，仿佛它们很久以来一直沉没在盐海中似的。但雅丹之间的盐渐渐变得没那么硬了，有些地方的盐上还覆盖着粗沙和一薄层砾石。雅丹末端仍然紧密相连，要想让骆驼通过只能绕行。

　　过了这4.5英里后，雅丹之间的距离越来越大，雅丹上覆盖的盐也没那么多了。由于这个原因，雅丹受到的风蚀作用也要大得多。风蚀作用留下了清晰的痕迹，把雅丹顶部塑造成了千奇百怪的形状，看起来就像教堂的圆顶或尖顶等似的。我们越是向东南走，雅丹就越矮。从 ciii 号营地走了近9英里后，我们终于来到了一块广阔平原的边上，不由得宽慰地舒了口气。平原的表面是由分解的软土构成的，还含有很多片状石膏。对我们疲惫的脚来说，能在这样的地面上走简直是太好了。

　　在离营地12.5英里的地方，我登上一座小丘做了次平面定向。小丘上的视野十分开阔，这使我心中生出了这样一个疑惑：为什么这块平原不像刚才经过的那宽阔的风蚀雅丹带一样遭到风蚀作用的影响呢？或者，如果它受到了风蚀作用的影响，为什么风蚀作用会使它如此平坦呢？空盒气压表上的读数持续上升，这支持了前一种假设，即平原没有受到风蚀作用的影响，却未能对此提供解释。这个问题以及与古代湖盆如今的环境有关的其他类似的地理问题，我下文中会很快再说到。我们现在可以清楚地看到，在东面和东南面，至少有两条小山脉的末端部分突向大湖盆，山脉脚下是一条宽阔的砾石缓坡。向西看就是那浩瀚的结着盐壳的古代罗布泊，它一直延伸到地平线上。湖床边上就是我们刚刚横穿过来的风蚀雅丹带，它似乎终结在西南方向。雅丹带离我们现在所站之处最近的地方有4~5英里远。在这条雅丹带以南，无论现在还是在后来的途中，我们都再没有看见过别的雅丹带。

前一天我们只用了一天的时间就穿越了结着盐壳的湖盆这道可怕的障碍。这充分说明，为什么在 L.J 台地和发现钱币、匕首的那块台地之间，我们发现古道的路线是向东北方去的。这个方向开始颇令人困惑不解。因为，楼兰—拜什托格拉克谷—敦煌道的最短路线该是朝东南方去，最初古道的实际路线却与这条最短路线成直角。但事实证明，最初向东北方向走虽然绕了个大远，却得到了充分补偿，因为这样减少了在穿越干涸湖床时所面临的极为严峻的困难，把这些困难降低到了中国人的耐力和在组织交通上的实际天才所能应付的范围之内。

还有一个令人不安的问题。在我们现在走过的这片全无生命的荒野里，能否找到直接的考古学上的证据，证明古人的确在我所设想的古道穿过的这块地面上经过呢？我们这个疲惫之师已经在无任何食物和水的地区进行了艰苦的长途跋涉，还要走相当一段距离才有望找到可饮用的水。因此，为了队伍的安全起见，我无法抽出几天工夫仔细而系统地进行查找（只有进行这样的查找才有希望发现小文物）。在古湖床西岸时，正是这种文物帮助了我。但上天又一次惠顾了我，赐予我一些文物。它们虽然不起眼，却足以证明我们离古代那条沙漠道不远。

我们从前面说过的那条小丘向南—南西方向走了还不到 0.5 英里，我手下一个赶骆驼的人就当着我的面捡到了一枚中国铜钱。又朝同一方向走了 2 弗隆后，眼尖的阿弗拉兹·古尔就看到，覆盖着一薄层粗沙的土壤上有一颗半透明的白色圆形玻璃珠子。在行程中捡到了这两个小物件，让我们觉得它们很可能是古人失落的，而古人的行走路线与我们的前进方向是相同或基本一致的。在离发现第一枚古钱不足1.75英里的地方，又发现了第二枚古钱，这完全证实了上述结论。但与这枚古钱同时发现的另一样怪异东西，却令我们颇为不解。事情是这样的：队伍中的罗布泊人之一尼雅孜帕万在沿我们前进的方向巡查地面时，突然发现了一个人的脚印，这些脚印向我们的路线西面不远的一条小丘延伸过去。我和他顺着这些脚印走时，在离小丘脚下不足8码远的地方，发现土壤中嵌着一枚大五铢钱。如此看来，在干涸湖床东边第一天的行军，就已将我们重新带回到汉代古道经过的地面上来了。

在浏览一下中国早期古书对我们刚刚穿过的这片盐海的记载之前，我还是顺便说一下发现脚印这个事件吧。这个发现是如此突然，如此奇异，似乎又把我们带回到了活人的世界里。最初我吃惊的程度与我的同伴们相比，简直有过之而无不及。因为从目前在平面图上的大致位置可以知道，我们与阿其克布拉克（阿其克布拉克是去往敦煌的车马道上离我们最近的一点）的直线距离还有四五十英里，而这段距离中有相当一部分还得经过湖床东段的大水湾，去往敦煌的车马道就是顺着那片大水湾边上延伸的。既然存在着大水湾那道可怕的障碍，那条车马道上的任何旅客即便迷了路，也不可能误打误撞到北边这么远的地方来。这些脚印也不可能是很远的古代留下的，因为虽然某些受风蚀作用特别厉害的地方已经被抹去了，但总的来说脚印是再清晰不过的。留下这些脚印的人在登上小丘之后又下来了（他登丘是想眺望一下）。凭着猎手的那一双敏锐的眼睛，托乎提阿洪沿着这些脚印一路追踪下去。他很快发现，脚印回到了一条线上，走在这条线上的还有另外两个人以及一匹马驹、一头驴。这支从南方来的神秘队伍，正在向北走。

天色已晚，我们已经没有时间继续追踪他们的脚印了。于是，在离最初发现脚印的那条小丘2.25英里远的土质平原上，我们安了营。人们点起一小堆火，把冰烧化了泡茶喝。当大家围在火边，谈起毫无生命的荒野中居然出现了人的踪迹这个谜时，他们终于找到了能解开这个谜的一条线索。年轻的骆驼手马合木提去年12月曾跟随拉尔·辛格到南湖去，回来的时候，他们走的是从敦煌长城末端到米兰去的车马道。他记得曾听在我们1907年的155号营地附近放牧的东干人说过，不久以前，大概在11月，有一个中国商人在路上损失了所有的运载工具，于是他在和田雇了几头驴。谁料想，那订下契约并答应把他和他的货物带到敦煌的三个和田人，却抢了他的三个马蹄银和一匹很贵的马驹。据说，这几个无赖带着马驹和剩下的最后一只骆驼逃走了，把那个中国人丢在沙漠道上不管死活。这个中国人艰难地向前跋涉，直到那些东干人把他救了起来（此时他已接近崩溃的边缘了）。拉尔·辛格在当年的12月末证明，这个故事是真实的，他在玉勒衮布拉克的咸水泉（位于阿其克布拉克以东约7英里的地方）发现了被遗弃的货物和15头死驴。

现在算是真相大白了，我们遇到的这些脚印就是那几个渎神的卖驴者留下的。他们知道，沿沙漠道来往的车马队必定会发现他们的抢劫行径。他们如果在若羌露面，也一定会引起人们的注意和怀疑。这样他们早晚会被抓获。于是他们想携着抢来的财物向北逃窜，以期到吐鲁番去。在拉尔·辛格几个星期后经过玉勒衮布拉克的咸水泉时，那里还没有结冰。即使在抢劫发生的时候已结了冰，抢劫者除了食物、草料和行李，所带的水或冰也必定是十分有限的。在我们发现脚印的那个地方，他们的牲畜必定已经三天没喝水了。即使有地图的帮助，这些人要想到达考鲁克布拉克（那是东库鲁克地区离他们最近的咸水泉），也得走上不少于三天的时间。在到达之前，牲口就已经倒毙了。而且，在11月的考鲁克布拉克或是北边的任何一处咸水泉，他们都是不可能找到冰的。

因此，这群倒霉的强盗在无情荒漠中遭到的报应，很可能要比人间法律的定罪量刑严酷得多。1914年1月，阿布都热依木跟随拉尔·辛格来到了考鲁克布拉克及其以北的咸水泉（从前只有少数猎捕野骆驼的大胆的猎人知道这些咸水泉），并未发现那些强盗经过的迹象。但在紧接着的两天行程中，我们又遇上了他们的脚印。跟着这些脚印，我们一直来到了他们穿越罗布泊那片大水湾之后上岸的地方。有两次我们都发现了他们宿营或休息的迹象。我不知道，这些强盗是不是已经预感到了等待他们的厄运。

第四节　白龙堆

　　3月2日傍晚，我们来到了一块开阔的土平原。它位于一条很缓的砾石坡脚下，我们把 civ 号营地就安在了那里。这时我已知道，在寻找古代楼兰道的跋涉中，最困难的部分已经被抛在身后了。我们在地面上发现了一些古代交通的迹象，说明古道从荒凉的干涸罗布泊上来后，可能便来到了这块地面上。从前面南方和东方的地形看，我们几乎可以断定以下的古道是沿什么路线到达其最终目的地敦煌长城的最西端的。中国早期奠定这条道路的人只需沿着干涸湖床最东岸那片向南延伸的水湾走，就可以走到一条宽阔谷地的入口处。那条谷地形如山谷，一直延伸到拜什托格拉克和疏勒河尾闾。不管盐湖东端的大水湾向谷地中伸展了多远，有一点是清楚的：根据我在谷地南侧观察到的情况看，谷地北侧也可能曾有过足够骆驼沿路啃吃的沙漠植物，并可能有过水。阿其克布拉克和拜什托格拉克之间的这条谷地北侧就是光秃秃的荒山。来自楼兰的古道要想到达疏勒河尾闾和那附近的敦煌长城末端，最自然、最易行的路线莫过于沿着那座荒山的山脚走。的确，要想从 civ 号营地到拜什托格拉克去，最直接的路线应当是从北山的最南端穿过。但那里是一片荒漠，只有石块和砾石，既没有牧草也没有水，况且节省下来的距离也很有限，不足以补偿那多所受的不必要的苦楚。因此，显而易见，古道是沿着拜什托格拉克谷地北侧的荒山脚下延伸的。

但在描述在这条路线上的经历之前，我要先回顾一下前三天穿过的那片结着盐壳的荒野。让我们对照着观察到的现象，来看一下中国古书中是怎样描述楼兰道越过蒲昌海（或称盐泽）时的情况的。这些记载中，有一段虽不是年代最早却最能给人启发，它就是郦道元的《水经注》中紧接着描述龙城那个段落下面的文字。龙城那段中有明确的地形记录，使我们较有信心地认为，龙城就是我们2月28日在向楼兰东北方向进发时经过的大台地。紧接着郦道元对龙城地区进行了详细描述，可以证明这段描写和上一段一样也是来自对当地情况有准确了解的权威。因此，我们在此先说一下这段话。在沙畹先生摘译的《水经注》中，这段文字是这样的：

地广千里，皆为盐而刚坚也。行人所径，畜产皆布毡卧之。掘发其下，有大盐方如巨枕，以次相累。类雾起云浮，寡见星日，少禽多鬼怪。

西接鄯善，东连三沙，为海之北隘矣。故蒲昌海亦有盐泽之称也。

以前当我述及关于楼兰地区的汉文记载时，曾提到过这段文字。当时我简要地指出过，这段关于龙城附近地区的概述，与我们1914年到1915年对罗布泊古湖床及其临近荒野的考察结果十分相似。文中说地面"皆为盐",这与我们在穿越湖床底部时观察到的现象完全吻合。拉尔·辛格所走的路线更是在大北边,在那湖床北段的广大地区,他遭遇到的也是可怕的凹凸不平的盐面。亨廷顿教授是从南向北穿越这片浩瀚盐海的,他也非常生动地描述了途中遇到的种种困难。《水经注》中称堆叠起来的盐块"如巨枕"。任何曾经在那些连绵不绝的盐丘、翘起来的大硬盐块之间和上面择路而行的人,任何曾经目睹过前面提到的那难以计数的裂缝和孔洞以及孔洞中像浮冰般高下堆叠在一起的盐块的人(图53),都知道这个比喻是生动而切合实际的。

由于在穿越湖床时采取了恰当路线,我们有幸不必在铺满硬盐的湖床上过夜。但根据对湖面的观察,我明白,即使是强悍的骆驼,在盐面上休整时,也无法获得哪怕一点点舒适的休息,更不要说其他用作运载工具的牲畜了。亨廷顿教授就提到过,为了平整出一块稍微平坦、能够睡觉的地方,他那一小队人不得不动用了斧子,将1英尺高的盐丘砍平。拉尔·辛格那队人在他们的89号营地也经历了同样的遭遇。因此,当古代的行路人不得不在这样的地面上过夜时,他们很容易会想到先铺上毡子,再让牲畜躺下,中国人在旅行时是很善于安排这类事情的。《水经注》中提到的这个做法还给我们另外一个启示:这种方法之所以流行起来,是因为楼兰古道是从干涸的湖床上面穿过去,而不是顺着湖床北面绕过去的。

郦道元在文中说,当地的云雾使人们很少见到太阳和星星。

这也完全符合整个罗布盆地一年大部分时间的天气状况。12月和3月之间，我们在那里看到的天空都是灰蒙蒙的。这主要是因为这片广袤的荒野几乎常年刮风。不管从其最常见的方向吹来，还是从其他任何方向来，风中都夹带着细尘土。这些细尘土是无休无止的风蚀作用在临近地区的土壤上刮下来的。因为，北边和东边的荒山以及西边沙质平原的绝大部分土壤，都是全无植被保护的。在春夏两季，常有猛烈的大风光顾罗布盆地的中心地带，卷来大片尘沙。降雨或降雪可以使空气干净一段时间，但雨雪天气在那里是极为罕见的。

　　尤其使穿过这片荒凉原野的中国古代商旅吃惊的是，这里没有任何动物。他们的这种反应是很容易理解的。即便对我们这些曾在楼兰地区穿过了一段"死亡地境"的人来说，这没有生命的地区也给我们留下了深刻印象。因为楼兰的那块"死亡地境"在古代有商旅经过时，河边的林带以及几块垦殖区中仍是有生命的。中国古代商旅在想象中觉得这片恐怖的盐海中有很多鬼怪，这一点也同样不难理解。我曾经指出过，在玄奘和马可·波罗的时代罗布盆地南面的古道上，迷信的人们也觉得这类地面上有鬼怪出没，威胁着人们的安全。今天这种迷信心理依然存在着。

　　现在来看郦道元文中的结尾部分。我们一眼就看得出，那里记载的地形是准确的。我们已知道，龙城所在的这一地区包括结着盐壳的整条罗布泊古代湖床，还包括湖床岸上的沙漠地带。考虑到这一点即可证明，郦道元所说的此地"西接鄯善，东连三沙"

是完全正确的。看一下地图就知道，罗布泊湖床最西端连着现在的喀拉库顺沼泽临近米兰地区，而古鄯善国的一个主要居民区就在米兰。

关于"三沙"，我曾在别的书中证实过，它就是《魏略》关于"中道"的记载中提到的"三陇沙"。《魏略》中明确指出，"三陇沙"指的是一条很高的沙丘链的最北段。来自敦煌的车马道以及楼兰古道，在拜什托格拉克东北不远的地方经过了这条沙丘链。我们1914年的考察证实，罗布泊古湖床东南的大水湾一直延伸到了拜什托格拉克谷地中的羊塔克库都克附近。然后，这个谷地中又出现一系列结着盐壳的沼泽，延伸到了拜什托格拉克井以西的地方。因此，明确的地形学事实告诉我们，《水经注》中关于"龙城"的界线的描述是正确的。

那段文字开头称"地广千里"，我们无法用明白无误的方式检验这句话的正确性，因为文中并没有明确说出这指的是哪个方向上的长度。但很值得注意的是，一个旅行者如果从拜什托格拉克以东的"三沙"最北端走，无论沿着两条道中的哪一条，走到罗布泊湖床以西最近的居民区，其距离都和文中记的"千里"相当吻合。当库鲁克河的水能流到楼兰地区，因而那里某些地方有人居住的时候，人们可以在不同的两点到达大盐海（即中国人所称的蒲昌海或盐泽）西岸。就是说，既可以沿着"中道"（楼兰道）走，也可以沿着湖床南岸上更易行的去往米兰的车马道走。

根据路码表，我从楼兰的最后一个要塞 L.J 出发，沿着据我估计大致是"中道"的那条路线走，到达拜什托格拉克以东、三沙的最北段，共走了199英里。如果旅行者从拜什托格拉克以东的那一点出发，沿着南道走（至今敦煌和米兰之间的车马队仍走这条道），走上大约同样的距离，他就会来到我们第二次考察时的143号营地，据我们1907年2月测量的结果，这段距离是198英里。在143号营地附近就是覆盖着硬盐的古罗布泊的东南边缘了。从那里再向西朝米兰走，沿途的沙漠植被会逐渐增多，那片只有盐、土和砾石的地区算是被甩在身后了。根据我在塔里木盆地及其附近地区的探险经验，那里平地上的1英里如果换算成中国长度单位，一般等于5里。因此，无论沿哪条道算，都可以得出郦道元文中记述的"千里"的结论。他对距离的估计简直准确得使人吃惊。

在我看来，郦道元的估计是从楼兰道得出的。我这样说有两个原因。首先，郦道元书中所载的全部地形资料都与这条道经过的地面有关。其次，其结尾的文字明确指出：所述地区构成湖的北界。我们应当记住这个事实：古代罗布泊湖床那仅有的几片含盐的沼泽（有的地表是软而泥泞的，有的还有一汪一汪的咸水）都分布在湖盆南岸附近，而盆地其他部分都是干涸的。还应该记住的是，塔里木河尾闾沼泽（即今之喀拉库顺）很久以前便出现在盆地的西南端了。而且，库鲁克河三角洲的那些沼泽（即郦道元所说的"渤泽"）也延伸进了盆地的西南段。因而，我们就完全可以理解，为什么郦道元称"龙城"地区及其东边那覆盖着硬盐的大片荒凉地面是湖的北界。

现在我们可以从郦道元那有趣的记载转到另一段文字。这段文字不太长，但时间上却是离我们最近的，而且它清楚地记下了各地点的先后顺序。这段文字包含在《魏略》关于中道的记载中（中道起于敦煌，经过故楼兰，到达塔里木盆地北部）。这段重要记载是由沙畹先生第一个翻译出来的。我在《西域考古图记》中已经详细分析和讨论了它，因此，除了引用有关中道的文字，我将只详细讨论那些直接使我们感兴趣的地点。其他地点，我将只简单提一下它们已被确认在什么地方，或者有可能在什么地方。这段文字写道，中道"从玉门关西出，发都护井，回三陇沙北头，经居卢仓，从沙西井转西北，过龙堆，到故楼兰"。

这个行程表没有指出各个地点之间的距离，但由于我在考察过程中已将其起点和终点确定了下来，加之文中记载了方向，我便能够比较准确地确定起点和终点之间那些地点的位置。中道的起点是著名的玉门关，汉代玉门关无疑就在敦煌西部长城上的T.XIV遗址附近。此后，中道沿着长城西去（今天的车马道也是这样的），一直到达长城的最末端，即T.IV.a、b烽燧附近，我认为"都护井"就在那里。关于"三陇沙"地表的实际构造，古文中关于中道在此折回的那段记载以及"三陇沙"这个名称本身，都使我非常肯定地认为，它就是拜什托格拉克以东那一带高丘的最北段，现在的车马道也经过那里。我认为，"居卢仓"很可能就是拜什托格拉克这个重要驿站。

　　关于"沙西井"的位置，《魏略》中说，"中道"在过了沙西井后转向西北，这个记载给了我们很多帮助。看看地图就知道，从拜什托格拉克来的中道正是沿着拜什托格拉克谷地北边延伸的，这样便不必穿越干涸大湖床东边的那片难走的大水湾。之后，这条道要想到楼兰去，就必须在谷地和水湾北边的那条山脉的最西端折向西北。在下文描述我们沿那条山脉脚下向东走的实际情况时，我会提到有直接的考古学证据表明，古代的中道就是顺着山脚延伸的。在结着盐壳的干涸的水湾边上和土山、土高原之间（土山和土高原是罗布泊更为古老的湖岸线），是一条逐渐变宽的地面。在那里，我们于 cvi 号营地附近的沙质土壤中第一次发现了植被。过了这个营地几英里后，植被就越来越多了。而且，离地表不深就可以找到水（尽管水是咸的）。我们应该在这附近寻找"沙西井"的位置。从敦煌方向来的旅客在那里可以找到牧草。以前干旱化过程还不太明显的时候，他们甚至可以找到可饮用的水。然后他们才鼓足勇气，去面对接近楼兰时的那一片荒野——那里只有盐和光秃秃的地面。在这个地点之前，他们一直会看到山脚下有流沙。过了这一点之后，流沙就没有了。我在《西域考古图记》中指出，这个地形学特征大概可以解释"沙西井"地名的由来。

　　在《魏略》的行程表中，沙西井和终点楼兰之间只有一个地点，但这唯一的中间站却使我们特别感兴趣。《魏略》中说，中道在沙西井折向西北后，"过龙堆，到故楼兰"。在《西域考古图记》中我曾指出过，就我们在 ci 号营地到 civ 号营地之间的考察来看，

"龙堆"指的必定是干涸罗布泊东北面两岸那些结着盐壳的风蚀雅丹。从罗布盆地东岸的山脚下，到离得最近的、曾有人居住的楼兰地区之间，是一片广阔的荒凉地带，而从地形学上来讲，那些风蚀雅丹是这个地带中最引人注目的地方。《汉书》中有一段有趣的记载，其中包含的地形学因素可以直接证明那些风蚀雅丹就是《魏略》中所说的"龙堆"。

《汉书·西域传》中述及了汉朝同鄯善（即楼兰地区）的关系。其中在谈到公元前92年之后发生的事时，《汉书》提到了从鄯善到中国内地的沙漠道。这段颇能给人启发的文字这样写道：

楼兰国最在东垂，近汉，当白龙堆，乏水草。常主发导，负水担粮，送迎汉使。又数为吏卒所寇，惩艾不便与汉通。

沙畹先生指出，"白龙堆"即《魏略》中所说的"龙堆"。《汉书》记载表明，中国人所说的"龙堆"，指的是对着楼兰国最东部边界的一个沙漠地区，这个地区还位于直接从楼兰通往中国内地的道路上。根据直接的考古学证据，我们已经成功地从楼兰最东端可供人居住的地区，将古道一直追踪到了罗布泊湖床西北岸上那结着盐壳的风蚀雅丹带。我们现在就完全可以明白，为什么中国使节到了"白龙堆"后，必须让楼兰的向导来接他们，并给他们带来给养（尤其是水），因为古代的"白龙堆"同现在一样没有任何生活物资。我们也可以理解，楼兰地区那为数不多的居民为中国使节安全到达提供了大量物资，这对他们来说是多么大的一个负担。沙畹先生在对《魏略》关于中道的记载所做的注中，引用了公元3世纪的孟康对《汉书》的评论："龙堆形如土龙身，无头有尾。高大者二三丈，低者丈余。皆东北向，相似也。"这段话对这些奇怪的白色雅丹进行了生动而准确的描述。即便今天，一个有知识的中国旅客的描述也不过如此了。我在前面说过，这些风蚀雅丹形体扭曲、千奇百怪，却向同一个方向延伸。这样我们就完全可以理解为什么在中国人眼里它们很像白龙了。孟康提到的雅丹的东北走向及其平均高度完全正确，他的信息显然来自对当地地形很熟悉的人。

《汉书》中那段文字之所以特别有价值，还因为它充分表明，对大规模的中国使团、辎重、军队来说，走这条道要穿越如此广阔的一片全无生命的地面，面对那些可怕的地理障碍，这将是多么艰难的一桩事。我在下文中将说到，面对所有这些困难，规模庞大的交通是如何在这条道上维持了几百年的。在此我们应该注意到，《汉书》中还有一次曾提及"白龙堆"。这段文字直接说明，楼兰道开通后，人们已深深感受到这条道上的困难有多么严重。

这段文字就在《汉书·西域传》接着上面的引文的地方，文中说到了元始年间（公元1—5年）开辟的一条新道。这条道起于车师后国（即今吐鲁番以北的古城），"出五船北，通玉门关，往来差近，戊己校尉徐普欲开以省道理半，避白龙堆之险"。《魏略》中所记的"北新道"的行程表中（北新道是取代中道或称楼兰道的），也提到了避开龙堆和三陇沙。

"北新道"从玉门关出发，向东北去，穿过北山西段的沙漠山脉，最终到达西域。在《西域考古图记》中，我详细考察了这条道所经地区的地貌。在该书中，我还提请大家注意：由于完全缺乏或者只有极少的水或牧草，即便在古代，北新道上的人们也同样面临着极为严峻的困难。很可能随着干旱化的加剧，困难也加剧了，使得现在一般的交通都无法在这条道上经过。人们之所以开了这么一条道来取代楼兰道，主要是为了避开白龙堆这个障碍。这大概可以最生动地说明，对那一条条结着盐壳的骇人的雅丹以及雅丹之间同样可怕的湖床，中国古代的行路者是何等恐惧。

"白龙堆"这个名称，也适用于比那些白色龙形雅丹占据的地方更广大的一个区域。沙畹先生在述及《魏略》中提到的"白龙堆"时，就正确地意识到了这一点。但由于缺乏充足的地理资料，他无法准确界定"白龙堆"的界线，他还引用了《汉书》中的一段话来证明"白龙堆"的这种用法：敦煌郡"正西关外（玉门关和阳关），有白龙堆沙，有蒲昌海"。这说明，汉代的地理学知识中是把"白龙堆"和"蒲昌海"并提的（事实上这两个地方也的确是并列的）："白龙堆"对应的是古湖床已干涸的部分，"蒲昌海"对应的是古湖床中仍含有沼泽的部分。但这段文字本身不能帮助我们确定"白龙堆"的位置，而我手头再没有其他提到"白龙堆"的文献了。所以就让我们转到下面这个悬而未决的考古学问题："中道"究竟是从哪里经过白龙堆的呢？

　　要想解决这个问题，文献资料是毫无裨益的，而目前我们手头的考古学证据也同样无法给出确切的答案。但如果把考古资料同我们考察所得的地貌情况比较一下，我想我们会得出某些结论，可以缩小古道可能经过的地区的范围。幸运的是，我们恰在两处地点发现了文物，它们无疑表示古代曾有交通道经过。一处正是从楼兰来的古道进入风蚀雅丹带西面的那一点，另一处是古道从风蚀雅丹带东边出来的那一点。前者我指的是，我们在 ci 号营地以东的台地发现了汉代古钱、匕首及其他小物件。后者指的是，我们从干涸湖床东边的风蚀雅丹带出来后，在邻近 civ 号营地时也发现了东西。

　　看一下罗布泊湖床两岸那两条风蚀雅丹带的地貌，我们就很容易知道，如果从上文说的那块台地继续向东走，走到风蚀雅丹带的边上，然后大致沿着东南方向穿越湖床，这条路线就会直接把我们带到湖床东岸发现第一枚古币的那个地方。沿这条路线，可以到达对岸那一带容易走得多的风蚀雅丹，而在广袤难行的硬盐壳上所走的距离，只比我们穿越湖床的实际距离（即 cii 号营地和 ciii 号营地之间的距离）多 2 英里。同时，与我们向北去的迂回路线相比，总里程要大大缩减（从地图上明显看得出来，缩减的里程不会少于 15 英里）。另一方面，以上述的那块台地为假设的出发点，如果采取更偏南的方向，古代旅客在那片难行的盐壳上的跋涉将不得不大大延长。因为我们的考察表明，东岸的"龙堆"（那里雅丹之间的盐面要软得多），在第一条假想路线以南不远的地方就终止了。再往南又是那结着盐壳的无尽头的湖床。

出于现实考虑，我几乎不可能从 civ 号营地折回去，从我们最后发现古币的地方往西边或西北边（即可能是古道进入风蚀雅丹带的地方）去追寻古道的踪迹。但一年之后，当我有机会让阿弗拉兹·古尔向楼兰遗址的东方和东南方进行补充考察时，我特意命他重访干涸湖床西岸我们第一次接近结着盐壳的风蚀雅丹的那个地点。我告诉他，要仔细考察那附近的地区，看是否能找到什么迹象说明古道在那里走的是什么路线。

据阿弗拉兹·古尔的日记记载，他从阿勒提米什布拉克出发后走了两天，于1915年2月22日到达那块台地以东的风蚀雅丹带，我们就是在那里发现了汉代钱币、匕首等古代遗物。他沿着东南方向在结着盐壳的风蚀雅丹带之间行走，来到了一片开阔的土质地面。那里离轮廓清晰的湖床西岸有0.5英里远，他就把 ccxxxviii. a 号营地扎在了那里。为了准确地得出营地的相对位置，当天他还向西北探察，一直来到台地附近去年我们发现文物的那个地方，那个地点离他的营地有3英里。第二天早晨离开营地后，他只带了一个伙伴朝北—北东方向走，并在离那块台地以东约3英里的地方，发现了我的骆驼的脚印，我们就是在那里把前进方向改向东北的。从那他又转向东方，以便到达广阔湖床的东岸。他沿这个方向只走了1英里，就在结着盐壳的地面上发现了几小块已经氧化的铁片，它们是某个已完全腐烂的器具最后残余下来的东西。这些铁片的方向相对于 ci 号营地的方向，与发现汉代古币、匕首等物的那一地点的相对方向是一样的。铁片虽不起眼，却是古代旅行者的遗物，证明古道的确是从那里经过的。

　　阿弗拉兹·古尔又朝东走了2英里，来到了开阔硬盐泽东岸的最后一行风蚀雅丹带。结着盐壳的风蚀雅丹带所在的那座高原到盐壳之间，有个很明显的坡。根据阿弗拉兹·古尔后来的估计，在这一点上，雅丹带所在的平地与干涸湖床湖岸线之间的高度差约有70英尺。在这个地点他注意到，与他经过的那些有20~30英尺高的结着盐壳的雅丹不同，湖床岸上东北方向远处的雅丹都很小，上面也没有盐。当时他并没有想到，古道有可能沿着那段好走的湖岸线向东北先延伸一段距离，然后再穿越盐面。因而他本人并没有朝那个方向勘察一下，而只是让他的伙伴阿布都拉马里克去了那里。他自己则忙于绘制平面图，然后又为向西南方向的考察做准备，他们后来就是朝那个方向去的。阿布都拉马里克不久便与他会合了，他并没有找到古道的任何踪迹。他究竟往东北走了多远，这还是个疑问。因此，到目前为止，要想确定楼兰道在穿越干涸湖床之前究竟走的是什么路线，那几块铁就成了最后的证据了。[1]现在就让我们结束对"白龙堆"的讨论，再回到我们在东边较易走的地面上寻找中国古道的经历上来吧。

　　1　这里我要提一下，根据我的指示，阿弗拉兹·古尔在他开始考察干涸湖床湖岸线的那一点上，放置了一个圆锥形石堆，石堆底下放了一份记录。这可能有助于未来的考察者来验证细节上的问题。

第四章

到疏勒河三角洲去

第一节　在干涸湖床的东岸附近

在 civ 号营地度过的一晚，人们大部分时间都在给骆驼疗伤。由于长期缺乏食物，现在所有的骆驼都显露出十分痛苦的迹象来了。考虑到它们状况不佳，我们得时不时给它们换脚底板，所以我很乐于继续朝南—南东方向走。走这条路线，我们大概能避开湖床的那些结着盐壳的水湾，并能指望一路都是稍高的地面，这种地面比较好走。在含有片状石膏的分解土壤上走了约 5 英里后，我们穿越了一片宽阔的洼地（洼地中都是结着一层盐壳的砾石），来到了一块石萨依。石萨依上是一块块突兀的风化岩石，表明它们是由发红的白垩和石英构成的。地面变得越来越石质化。走了8 英里后，我们走近了一座不高却很醒目的小山。它是一条小山脉的最后一支，小山脉是从北—东北方向来的，向着湖床延伸过去。向前可以望见类似的风化小山，山间是洼地。

　　显然，古道肯定要避开这样支离破碎的地面。于是，我现在把方向改成南—南西，这样就又会贴近干涸湖床的岸，古道很可能是贴着湖岸伸展的。上文说的那座石山比附近的石萨依高出约100英尺，当我们沿着它脚下走时，在地图上所标的那一点上发现了两个粗陋的圆锥形小石堆，其中较大的那个上面放着某种动物的角的残骸，由于饱经风霜，几乎已不可辨识了。石堆附近的地面上有个用石头排成的小三角形指向西方，这个简陋的路标年代似乎不太久远，很难解释为什么它会出现在这里。在过去的几百年间，这里的地面上已经既没有旅客也没有猎人了。从山顶上眺望时我们可以看到，那发灰的结着盐壳的"平原"仿佛海面一样辽阔，向西一直延伸到了地平线。在不到2英里远之外就是它的湖岸线，那里是没有风蚀雅丹的。朝东现在可以看见一组挺拔的山峰，向着东—北东方向延伸。那就是那个岬，从风蚀雅丹带出来后，我们的路线就是朝那里去的。根据测角仪来看，它的海拔在3 210~3 840英尺之间。我原本就觉得，它是俯瞰着东边大水湾连着的谷地的，我们应该沿着那条谷地到拜什托格拉克去。看到了和岬形成一线的高峻山峰，证实了我的结论。后来根据我们的测量，那些山峰高约4 700英尺。

　　从那个带圆锥形石堆的山脚下，我们沿着石萨依的缓坡下来。在离营地12英里的地方，我们来到了一片小水湾。过了小水湾，我们发现自己又在那些盗贼的路线上了。原来，离开营地不久我们就失去了他们的踪迹。他们的脚印是直接从前面提到的那个岬来的。这踪迹指向玉勒衮布拉克方向，那群无赖就是从那里离开车马道的。对我的手下人来讲，这条"盗贼之路"似乎给了人不少信心。过了2英里后，我们又穿过了古湖床的另一道窄湾，这个窄湾似乎还朝陆地延伸了一小段距离。此后，我们又走了21英里。这段路程经过的是渐渐变高的碎石地面，地面上不时突起一块块分解的低矮的石块，形成小丘。在我们西边4~5英里远的地方，可以看见那平坦的巨大盐壳的边缘，盐壳一直延伸到地平线上。我们曾两次遇到一只野骆驼的脚印，脚印似乎是从小山脚下向干涸湖床延伸的。据托乎提阿洪说，在发情期野骆驼能奔走很远的距离，即使干涸湖床那样难走的盐壳也挡不住它们。

3月4日早晨，空气沉闷而迷蒙，预示着一场大风就要到来了。令我们苦恼的是，很明显我们必须尽快把骆驼带到它们能找到食物缓解饥饿的地面上去。最后几个有限的鞍子上驮的饲草，也瞬间消失在骆驼大张的嘴中了。在一块石萨依上走了3英里后，我们来到了一片洼地，其中有两个红柳沙堆，这使我们很受鼓舞。沙堆尽管不高，但上面的红柳仍活着。显然，那群盗贼曾宿营于此，并从红柳枝中获得了一些燃料。我们又往前走了3.5英里，发现盗贼的踪迹改向南—南西，朝石萨依的最后一处尖锐的突出部延伸而去。当他们穿越干涸大湖床时，曾把那个突出部当作路标用。

从这里望去，西边的那个盐海尽收眼底，尽管它的岸（古道可能就在岸边）以及南面的大水湾被岬遮住了。我知道，现在大水湾离我们不太远了，加之我希望缩短沿水湾北岸行走的距离，所以我现在把路线改向了东南方向。此后，在2英里的距离内，我们穿越了一条铺着白色砾石的缓坡，这条缓坡很奇怪地使人觉得仿佛接近了"海"边。接着我们突然发现，自己置身于高出湖床有120英尺的陡峭土崖之上。在南、东南、西南方向，都是一眼望不到边的湖床，仿佛一片凝固了的棕灰色海洋。水湾对面阿其克布拉克附近低平的湖滨沼泽此时是看不见的，表明那里处在地平线以下。而且，我用望远镜也无法找到那一串高大的台地。我从1907年的考察中知道，那串台地位于阿其克布拉克和库木库都克之间。

有一条坡度较缓的小谷切入到悬崖上。沿着这条小谷，我们把骆驼安全地引到了一条砾石带上。这条砾石带位于悬崖脚下，约100码宽，形成干涸水湾的涨滩。沿着这条地带向东去，比较好走。那起伏的硬盐壳一望无际，给人的感觉就像真的是走在大海边似的。下了悬崖后，我们走了3英里，经过一段从悬崖带上突出来的很陡的峭壁。过了这段峭壁后，我们上方的山脉高度逐渐增加了，岸上的悬崖带上也时不时出现流水冲出的干沟，但所有干沟里都没有植被的迹象。在离那段峭壁约2.5英里的地方，我们第一次发现了证据，表明古道的确是沿着这片好走的涨滩延伸的。这个证据是一颗光玉髓的珠子。在这块地面上，它遭受了长期的风蚀。它是在我的目击下，由托乎提阿洪捡到的。

当我们沿着这片涨滩继续向东走的时候，砾石上有一条狭窄的踪迹，引起了阿洪这位猎手和我的注意。这条踪迹旁可以看到一只野骆驼不久前留下的脚印。我们不费吹灰之力便将这条踪迹追踪了1英里远——它不仅出现在砾石上，而且出现在一小块一小块的肖尔上。在离营地17英里的地方，悬崖带向东北折去，因为这里的湖床出现了一片小水湾，那条踪迹在此消失了。但在当天的行程接近尾声的时候以及后来，这条奇怪的踪迹又多次出现过。起初，这使我们大惑不解。但后来我们发现，踪迹上的骆驼脚印越来越多。这使托乎提阿洪和我都确信，这条踪迹是过去很长时间里，沿此线往来的野骆驼踩出来的。目前野骆驼多出没于疏勒河尾闾和拜什托格拉克山谷。而这条踪迹表明，它们以前是常到东库鲁克去的。

但是，托乎提阿洪说，他从未见过野骆驼的踪迹有这么规则的。唯一的解释是，这条踪迹是引向一处水源的，而目前我们离这处水源还很远。我还清楚地记得以前沿敦煌长城巡逻的中国士兵在砾石上踩出的小道，那条小道直到今天仍清晰可辨。于是我常想，野骆驼留下了如此规则的一条踪迹，而离此地最近的地表水源也有60英里远，这会不会是因为先前这里便有一条由人踩出的小道，在后来的漫长年月里，野骆驼为了图方便而用了这条小道呢？当然，这种解释只是猜想。但我应该说一下，当我们在库木库都克与拉尔·辛格率领的小分队会合后，我向阿布都热依木问起这个问题。他和拉尔·辛格的小分队到了大水湾北边时，也注意到了这条古老的踪迹。他对此作出的解释和我的解释一样。

　　但还有一个更奇怪的发现在等待着我们。我眺望到东边远处有一个岬。这使我意识到，接下去如果沿着上文提到的小水湾岸边走，就会绕很远的路。而离此0.5英里远并与远方那个岬成一条线的地方，在小水湾的硬盐壳上有一座小丘。我决定直着朝这座小丘走。我本指望过了这座小丘地表会好走些，这个预想却落空了。但当我与阿弗拉兹·古尔、托乎提阿洪登上这座高约20英尺的结着盐壳的小丘时，我马上看到硬盐壳上有一条宽宽的直线，从水湾西端向我先前看见的那个岬延伸而去。我的同伴们也清晰地看到了这条从小丘南边不远的地方经过的线。显然，这便是汉朝楼兰古道的路线。为了避免沿着水湾边上走绕远，古道抄了近路。只有在这样特殊的地表上，古道的踪迹才会保存得如此清晰。

　　我派托乎提阿洪回去，把骆驼沿岸边带过来。在确定了我们的平面位置之后，我很容易便沿着古道的踪迹追踪下去，因为盐壳上凹陷的部位很清楚地标出了古道的路线。它使我想起，如今到敦煌去的车马道在穿越钦达里克以远的罗布泊南岸大水湾时的样子。我同阿弗拉兹·古尔一起，反复测量了古道，发现它的宽度为20~21英尺，非常规则，古道表面比附近的起伏盐块平均要低约1英尺。道上比较好走，因为盐块要么已经被踩平了，要么上面盖了一层较软的肖尔。路面相对平坦，其主要原因是大量交通工具（其中不少是车）的碾压。但我们也有另一种解释。在这段湖岸线的其他地点，山的一侧有一些水流冲击而成的浅谷一直通到盐泽中。察看浅谷之后，我们受到了启发：这条车辆来往的古道上以前大概会偶尔存积一些雨水，这也在一定程度上造成了它如今的面貌。

我们有幸在这里找到了古道，便一直沿着它笔直的路线走了2英里，来到了前面提到的那片水湾东端的土岬。走近了我们才发现，这个岬破碎成了一系列台地，样子很有点像石萨依末端突出到疏勒河尾闾中的那部分。过了这个岬后，悬崖带的高度逐渐降低。悬崖上方的地面形如高原，高原上有一些窄谷，它们都是由水流的侵蚀作用形成。沿这段地面延伸的湖岸线弯度很小，在其附近的大块硬盐壳上，也无法再追踪到古道的迹象。但在古道快穿越完水湾的地方附近，我手下一个赶骆驼的人在悬崖底下捡到了一个很精致的青铜箍，上面还有铆钉，曾钉在某条皮带的末端。这又是个令人鼓舞的证据，表明古道的确曾从这里经过。我们还观察到一个奇怪的现象：从这一点起向东0.5英里的距离内，沿台地脚下有一条高堤。这条堤很直，宽约20英尺，比湖岸高出约3英尺。关于这条堤，我还不能得出任何确切结论。但应该提一下的是，大部分堤旁都是前面说过的那条野骆驼踩出的小道，小道与堤平行得令人吃惊。

我手下赶骆驼的人们，信心十足地走上了这条看起来踩得这么平坦的小道。走过了足足22英里后，我们来到了一块窄条状沙质土壤的最末端（这块土壤是沿风蚀高原脚下伸展的），那里稀稀落落地长着一丛丛芦苇（图54），于是我们那些已筋疲力尽的勇敢骆驼终于得到了报偿。尽管芦苇长得很稀疏，对骆驼来讲却极为有用。我们刚扎好营，就有一阵猛烈的大风从西南吹来，于是这一晚对我们来说很难熬。但令我欣慰的是，在寻找古道的行程中，我们总算安全穿过了干涸的湖床及湖岸附近那些可怕的障碍。

3月5日早晨，大水湾上一片迷茫，起初我们几乎看不到附近山脉上离我们最近的山峰。由于不知道往前走在哪还能找到植被，为骆驼着想，我们出发得较晚。在岸边的悬崖脚下走了2英里后，我们注意到芦苇丛越来越宽了，这真令人长舒了一口气。此后，南边一些孤立的沙丘上出现了几个红柳沙堆，沙堆上的红柳有的已经枯死，有的还活着。在离营地3英里的地方，我们还发现了一些带刺的灌木。又往前走了0.5英里，沙质土壤的表面开始出现了水分的迹象。在一条长着芦苇的小沙丘附近，我让人往下挖一口井。只挖了4英尺深，井中就出现了大量的水，但水很咸，我们大概是挖到了一个硬盐层。由于骆驼缺食物远甚于缺水，加之我们带的给人准备的冰还足够，在别的地方我们便没有重复这个挖井的实验。对此，我现在是颇有悔意的。因为，沿谷地的这一边再走约一天的路程，拉尔·辛格就挖到了淡水，而在东面的其他地点，水又变咸了。拜什托格拉克谷地中水的含盐量很可能主要是由临近地区的土壤状况决定的。

再往前，我们在岸边高原的脚下发现了大量芦苇，还有很多带刺的空古尔查克灌木。这种灌木可以用作燃料，而现在我们

图54 罗布泊干湖床北岸的 cvi 号营地及首次看到的植被

的燃料已经十分短缺了，所以我们决定在此扎营。我们原定与拉尔·辛格的小分队在库木库都克会合。从我以前画的地图看，库木库都克就在此地的南—南东方向。显然，要到那个会合点去，我们就不得不穿过湖床东部的硬盐壳，而那里的盐壳还是很宽的。

骆驼必将因此疲惫不堪，所以有必要让它们事先休息一下，并饱餐一顿。这一天走的路虽不长，但饱受了旅途劳顿和焦虑之苦的人们听到休息的命令，也都很高兴。我们在 cvii 号营地（图55）早早扎营，是一件很幸运的事。因为在那附近有一个有趣的发现，

图55 黏土台下的 cvii 号营地，俯视着罗布泊干湖床最东边的"湖湾"

若不是这么早扎营，我们很可能会错过这个发现。

托乎提阿洪在搜寻营地东北的土台地时，在其中一块台地的陡坡上发现了一些陶器碎片。他回来带我到那个地点去。途中在一个浅石洞外面的大土块之间，我发现了一些陶器碎片，还有一

个大铁扣环残件。石洞以前可能还要大些，后来顶上的某些石头落下来了。这个洞使人想起玄奘提到的印度圣地的"石屋"，不管怎么说，它也曾为路人遮风挡雨过。陶器碎片全发灰，可能是手工制成的。其中一件上面有突起的犬牙状装饰，这种装饰我在楼

兰 L.A 遗址的陶器碎片中经常见到。因此似乎可以得出这样的结论：这些不起眼的古物属于楼兰尚有人居住的那一段时期，被旅行者遗落在通往楼兰的古道上。在此还应该提一下，在从 cvi 号营地来的路上，我们在沙质土壤中曾发现了一些小石块，其中有些石头可能加工过。这些石块虽然年代要早些，但可能也是由旅行者带到那里的。

3 月 6 日早晨，我们顶着凛冽的东北风一大早就出发了。风刮了整整一天，空气比较明朗。我们看到东边有块孤立的大台地，就朝着它前进。我希望在它顶上能看到水湾南岸的某块突出地貌，从而确定方向，以便到库木库都克去。越往前走，芦苇丛越稀疏，红柳沙堆也越少。但在铺着砾石的硬土壤上，我们更清晰地看到了那条踩得很深的奇怪的踪迹，旁边还有野骆驼的脚印。自从到了水湾北岸后，我们曾多次遇见过这条踪迹。走了 2 英里后，我们发现有人类的脚印穿越了这条踪迹。顺着这些脚印，我们来到了高原脚下。我们很快证实，拉尔·辛格曾于 4 日晚宿营在那里。这使我一块石头落了地，不用再为我那位无畏的伙伴担心了。

又走了 0.5 英里，我们到了那块台地。在台地顶上，我望见湖床延伸出来的大水湾上一片白雾茫茫。在南 150° 东方向的白雾上方，我可以眺望到一带高大的台地。从方向上我认出来，它们就是我 1907 年在库木库都克以西经过的大台地群。东—南东方向的远处有一些白色悬崖，我认为那应当是属于羊塔克库都克高原的。西南方阿其克布拉克附近还有其他台地。这些地貌都确定了我们目前的位置。但考虑到我们离水湾南岸还有很远的距离，在这里能望到东—南东和西南方向的地貌，应该只是光折射作用的结果。

我们从台地脚下取南150°东方向前进。在1.5英里的距离内，地面先是含盐的松软的土壤，接着是一长条坚硬的盐壳，盐壳上有许多窄缝，形成小咸水沟。幸运的是，我们没费太大力气就绕过了这条盐壳。在距离营地7英里的地方，我们还碰到了一块块棕色的肖尔。过了那里之后，我们又走了5英里的路。路上都是凹凸不平的硬盐块，盐块的边也是翘起来的，盐块中心的凹陷部分就像杯子似的。但由于边只比中心高出6~8英寸，因此这段盐壳比我们在罗布泊古湖床上遇到的要好走些。途中我们遇见了三四条小水沟，沟中似乎是含盐的死水。沟都不足4英尺宽，看起来曲曲折折的，但大致走向是从东北向西南。沟两岸都结着纯白色的硬盐壳，这方便了我们赶路。我注意到，沟北岸一般要比南岸高出1~2英尺。向南望去，盐壳上是茫茫一片颤动的雾霭。在雾霭之上，由于海市蜃楼的作用，对面的台地看起来千奇百怪的，像大佛塔或尖塔一样。奇怪的是，那最高的一块台地位置却不变。通过在平面图上的交叉测量我们测知了它的距离，后来证明这个结果是正确的。

在离营地大约15英里的一个地方，我们面前出现了一长条结着盐壳的沼泽般的地面，沼泽中间是一片咸水（图56）。这条沼泽有12~15英尺宽。我们花了好长时间才找到一处地方，把毡子铺在地面上，将骆驼一只一只安全地带了过去。此后，地表是起伏

图56　前往库木库都克途中，穿越（结有盐壳的）罗布泊干湖床上的条状沼泽地

不平的土壤，上面结了一层特别硬的盐壳。盐块的边很锋利，于是在2.5英里的距离内，我们走得十分艰难。但是，在离沼泽般的长条地带不到1英里的地方，我们第一次遇见了存活的芦苇秸秆，而生长芦苇秸秆的那片地面看起来似乎根本没有任何生命存在。

大概是因为浸着盐的土块之间落了些黄土尘埃，所以才出现了这一丛稀稀落落的芦苇。

最后，我们总算到了离台地带最北段不远的一块沙质地面。不出所料，这块台地带就是我们在1907年的考察中，于库木库都克以西 4 英里处所标示的那一串风蚀雅丹。又走了 0.5 英里，我们就来到去往敦煌的那条荒凉的车马道，这真令人欢欣鼓舞。但当我们到达那行点缀着灌木的低矮沙丘时（1907 年，我们的 149 号营地就在这里的一口浅井旁边），不免略感失望。因为，拉尔·辛格的路码表的轮子留下的痕迹仍在朝前延伸，我们本来热切地追踪着他的路码表的痕迹，指望着能尽快与他会合。于是，我们只好拖着疲惫之躯在硬沙地上又往前走了 5 英里，这才发现拉尔·辛格和他的小分队已在长着芦苇的开阔平原上扎了营，营地旁边是一口刚挖好的水井。去年 12 月他曾在此宿营。他更相信自己的地图，觉得在那里等我们比在我们 1907 年的考察中确定的地点更好！好在他的这个想法是可以原谅的。

　　骆驼已经疲惫不堪了，加上我们必须等人从米兰带来马匹、沉重的行李和物资，这都使我们有必要在库木库都克停留一段时间。第一天我和拉尔·辛格详细研究了他的路线的平面图。按照我的指示，他就是沿着这条路来的。他先是沿着阿勒提米什布拉克以东的山脉脚下走，来到了依提木布拉克和考鲁克布拉克的咸水泉。那些咸水泉阿布都热依木自幼就熟知，赫定博士 1901 年也去过那里。从考鲁克布拉克的咸水泉出发，他们沿东—南东方向下了石萨依，走了约 10 英里后，便来到那结着盐壳的宽阔的大湖床。他看到的是湖床的最北端，那里比我们穿越湖床的地方要宽得多。他的小分队在穿过了一带结着盐壳的风蚀雅丹后（这带风蚀雅丹是白龙堆的外缘部分，我们则是在 c_i 号营地和 c_{ii} 号营地之间碰到白龙堆的），不得已将89号营地扎在了湖床上的硬盐块之间，度过了十分艰苦的一晚。他的空盒气压表表明，风蚀雅丹带比89号营地所在的平坦盐壳要高出约100英尺。第二天，他们不得不在这盐壳上艰难跋涉了24英里，这才过了东边的风蚀雅丹带，来到较松软的肖尔上。

在此他们遇到了一行行台地，这些台地似乎和我们在 ciii 号营地东南穿越的台地属于同一类型。但可能由于那里的地面越来越高，结着盐壳的地方很快便结束了，在离90号营地不足9英里的地方，他们来到了一片铺满砾石的开阔的萨依。从地图上看，从那里开始，拉尔·辛格的路线穿越了一系列低矮荒山的最西段，这些山与从北面俯瞰拜什托格拉克谷地的山脉是平行的。这与我们沿东边的湖岸线行走时观察到的现象是一致的，也证实了赫定博士曾表述过的一个观点，他认为在湖床东岸上并没有一条连续的山脉。在93号营地（我们曾发现了这个营地）附近，他们才下到了拜什托格拉克谷地，在此之前他们未曾遇见过任何植被。但是，当他们从91号营地走了6英里，在荒山外缘的两座小山之间走时，曾两次发现了一群骆驼和一个单独的骑马者的脚印。脚印出现在砾石上，已半被磨光了。在富有经验的阿布都热依木看来，这些脚印似乎是多年以前留下的。他认为，这些脚印说明曾有某些蒙古人从库鲁克山西段到敦煌去。

当我向阿布都热依木询问这件事情时，他向我提供了一些有趣的信息来支持他上述的那个推断。他的父亲来自迪坎尔，在库鲁克地区的辛格尔建立了一个小居民区，并以80多岁高龄在那里逝世。他父亲和他祖父一样，是一个追捕野骆驼的猎手，也对库鲁克荒山十分熟悉。阿布都热依木记得曾听他父亲说过，他的祖父依稀知道一条穿过库鲁克山到敦煌那边去的路。据他称他祖父活到了100岁。在当地发生叛乱之前的一段时期里，常有来自焉耆山区的蒙古人，到辛格尔以西的库鲁克谷地去。我认为阿布都热依木所说的家族传说，可能最初是从某个蒙古人那里听来的。即便在今天，也常有蒙古族家庭从天山中部迁徙到敦煌和安西以南的山区。这些强悍的游牧部落一般喜欢远离主要交通线。近些年他们中某些大胆的人很有可能是沿最直接的路线走的，即穿越库鲁克和北山最西段的沙漠地区。以前也存在着这种可能性。

在休整的第一天里，我们用了很长时间来给勇敢的骆驼饮水喝。从井里流出的水很咸，而且水量很小，一度差点被骆驼喝干。一直到3月7日下午，这项工作仍在进行。正在此时，我们看到一团烟尘沿着路从西南奔来。这正是从米兰给我运送物资的队伍的先遣部队，他们带来的马匹上驮着饲料。我那不幸的中国秘书也坐在马背上来了，他虽然还活着，却仍像以前一样沉默、无力。天黑之前，在依布拉音伯克的带领下，租来的骆驼也到了，驮着我们沉重的行李。尽管罗布人一向很懒散，租来的骆驼状态也不佳，但依布拉音伯克凭着他一贯充沛的精力，不仅督促队伍及时从米兰出发，还将其安然无恙地带到了这里。我们是在不到三个星期前在楼兰分开的，现在几支小分队终于又成功地会合在了一起。

我们自己的骆驼以前休息过，此时并不是太急需短暂的休息，但大家仍不得不又在库木库都克停留了两天，因为物资运送队同时还带来了一大包一大包的邮件。最大的一包邮件直接来自和田，是由巴德鲁丁汗的老邮差吐尔迪负责带过来的。信件很多，有些还是五个月前发出的。我得在继续赶路之前看完这些信。

其中最令我欢喜的莫过于马继业爵士最近写来的一封信了。这封信是1月23日通过中国邮政从喀什噶尔寄出的，经过了库尔勒，带来了特别令我欣慰的消息（消息的来源是驻北京的英国公使馆发来的电报）。信中说约翰·乔丹爵士已成功地让中国外交部给位于乌鲁木齐的新疆省政府发来电令，要求好好地对待我，不要干扰"考古学考察活动"。这样由于马继业爵士一贯的关心并及时行动，取得了大英王国驻华大臣的大力帮助，要干扰我考察的那些活动终于被挫败了（此前，只是由于若羌出现了"革命"暴动，我才暂时从那些干扰中解脱了出来）。两个月来我最大的一块心病算是解除了。

我忙于处理来自喀什噶尔、欧洲和印度的信件（它们都是吐尔迪从和田带过来的），并重新整理箱子（箱子里面装的是在罗布沙漠遗址发现的文物）。在这段时间里，拉尔·辛格考察了东南方高高的沙丘。在从阿其克布拉克到拜什托格拉克的车马道上，一路都可以看见一条巨大的沙丘带。他证实我们所在地的沙丘带是由一系列轮廓清晰的小山构成的，小山都与谷地走向平行，比我们扎营的地方要高出约200英尺。

这些高沙丘的走向是很有趣的。我曾反复说过，在塔克拉玛干沙漠和罗布沙漠中，大沙丘总是与离其最近的河床平行，不管河床里有水还是没水。这里的沙丘也符合这个规律。我们从拜什托格拉克谷地的地貌和水文状况以及东边疏勒河盆地的地貌、水文状况中得出这样一种印象：罗布泊湖床向东延伸的那个逐渐变窄的部分是古代疏勒河的河口，在距今不是太久远的地理年代之前，疏勒河是注入罗布泊的。这里的沙丘走向也与这种印象相吻合。

第二节　拜什托格拉克谷地

3月10日早晨，我遣返了从米兰和且末租来的骆驼并允许它们的主人向西回家去。同时，忠实的托乎提阿洪和他年轻的罗布族伙伴尼雅孜也离开了，他们的得力帮助获得了令他们满意的报酬。我让他们照顾吐尔迪一直到若羌，因为吐尔迪要把我给别人的回信和文物运到和田去（图57）。

眼下我们要完成的任务是，继续考察楼兰古道，直到疏勒河尾闾以东。为此，我们需要勘察谷地北边山脚下的地面，直到位于拜什托格拉克的谷地入口处。我之所以认为这块地面有特别的地理价值，是因为拜什托格拉克谷地和谷地以东布满台地的地区

图57　从库木库都克返回的（左起）托乎提阿洪、尼雅孜、穆罕默德·善（以上为车尔臣人）、吐尔迪、达克曼

之间是有一定联系的。我认为在拜什托格拉克谷地成为疏勒河尾闾之前，那个布满台地的地区在很久以前本是疏勒河的尾闾。我先前就是基于这种考虑，才派测量员穆罕默德·亚库卜从米兰到库木库都克去，让他沿着谷地底部一直到疏勒河早期河床离他最近的地方，一路都进行精确的水平测量。为了全面细致地了解谷

地北边的地形，也为了证实延伸到谷地北部洼地中的罗布泊古湖床在东边究竟止于何处，我觉得还是应该把队伍再分成几个小分队。于是，3月10日早晨，我让拉尔·辛格从库木库都克直接向东北方向去。我把阿弗拉兹·古尔也派在了那一队中，因为我相信，任何文物的迹象或地形上的特别之处都逃不过他警惕的眼睛。

同一天我自己则押运着沉重的行李，沿车马道一直来到了曲折高原的最东端，那几口被称为羊塔克库都克的水井，就在这座高原脚下。我曾说过，我有理由认为，拜什托格拉克谷地里南部的道路（即现在从米兰到敦煌去的车马道），早在汉朝就已经投入使用了。公元400年的法显、公元645年的玄奘以及又过了6个多世纪之后的马可·波罗，走的都是那条道。因此，有一件事在此应该记下来。在离开库木库都克之前，阿布都热依木交给我一枚保存完好的青铜箭头。这枚青铜箭头带有倒刺的窄刃，刃之间有三角形凹陷，明显不同于中国汉代的箭头。那两个箭头是在库鲁克河附近发现的，大概产自本地。还有一枚在尼雅遗址发现的箭头也属于这一类。阿布都热依木说，这是他在离库木库都克营地不远的地方照看骆驼时，在粗糙的沙地上发现的。他在同一地点附近还捡到了一块陶器残片，但从这块残片上找不出什么年代线索来。

我让大驼队继续顺着车马道走，自己则轻装上阵，向北—北东方向出发了。在开始的2英里内，穿过的都是茂密的芦苇丛。之后，我们来到一块地面上，地上布满了浸盐的硬土块。当我们穿越这片盐泽时，我看到它向西延伸，形成一条逐渐变宽的连续带子，向东则延伸了不足1.5英里便结束了，那个结束地点周围都是芦苇丛。可以明确地说，这就是湖床罗布泊延伸出来的最东的部分。在我们穿越的地方，这条盐泽约有2英里宽。过了盐泽后，地面上都是细沙，生长着茂密的芦苇、红柳和灌木。

当我们穿越这块地面，向缓坡脚下的低矮土堤走时，在距离营地约6英里远的地方，我看到了湿润的土壤。这表明，离地表不深处有地下水。我们挖了一口井，只挖到3英尺深水就汩汩而出。水完全是淡水，远胜于库木库都克和羊塔克库都克的井水。谷地两边的山都是荒芜的，山峰也不高，从山上缓坡的短沟中曾流下来的水必定极少。考虑到这些因素，我认为，在这里以及谷地北部其他地点发现的水，只能是从拜什托格拉克附近的谷口流来的地下水，除此之外不会有任何其他水源。

越往前走沙子越粗糙，直到我们来到铺着砾石的萨依上。萨依上方有一行低矮的土堤，看起来就像河两边的堤岸，系水蚀作用形成。在这里我很清楚地看到一条古代小道。小道是从西—南西方向来的，虽然不深，却很清晰。小道附近没发现任何野骆驼的脚印。这就是拉尔·辛格和阿弗拉兹·古尔在从他们的96号营地来时追踪了很远的那条小道。实际上，他们还发现，小道上有一些圆锥形小石堆标记。我在这里得出的印象是：这条小道最初是由人踩出来的。他们的汇报也完全印证了我的判断。沿着那条土堤向东走的时候，小道很快便消失在一个长满芦苇的洼地中。

过了这片洼地，在离羊塔克库都克约14英里的地方，我们遇到了一块高约80英尺的陡峭台地。它本是突入谷地的那条山脉的一条小分支，在风蚀作用下与山脉分开了。为了确定平面方向，我费劲地爬到了台地顶上，却意外地发现那里有已死的红柳树的残迹。考虑到台地的位置，这些遗迹必定十分古老。它们表明，从前的空气明显比现在湿润，因为在那么高的地方，无论是地下水还是地表径流都到不了，都无法给这些古代植被以水分。

在台地顶上，我看到有一处地方似乎是可以存积地表水的，于是我现在改朝那里，即东—南东方向前进。在芦苇丛中走了约2.5英里后，我们来到了一片盐沼，它朝东—南东方向还延伸了很长一段距离。我们是从它的西边绕过去的，在那里盐沼足足有70码宽。我们发现，挨着盐沼北边的结着盐壳的土壤之下是有水的。骆驼陷在其中，我们费了好大的劲才把骆驼解救出来。北山外缘的那些低矮山脉完全荒芜，但山脚下却出现了这样一片轮廓清晰的盐沼，这表明，从东边的谷口流过来许多地下水。下1英里的路经过的是细沙地面，之后我们就扎了营。我们挖了不到4英尺深就找到了水，水虽然微微发咸（井眼穿透了细沙底下的一薄层盐），但能喝。

第二天早晨，我们顶着凛冽的寒风向东—北东方向出发了，经过的地面上大部分是浸了盐的硬土。走了约3.5英里，我们来到一带台地的南端。这带台地的走向是从北—北东到南—南西，连着北边山脉的缓坡，突入开阔平坦的谷地之中。

　　在台地顶上定好了平面方向后，我向四周眺望，不觉吃了一惊。有一条奇怪的笔直的线，向东北延伸了0.75英里，看起来就仿佛是两行堤坝。抬高的堤上长着芦苇，而两条堤坝之间的空地则没有植被覆盖。这条线就在我所站的台地北边穿越了台地带，并拐了个直角弯，向西北方向延伸而去。1907年，当我沿敦煌长城考察时有这样的经验：从高处看时，废弃的长城土墙清晰可辨，但想在长着灌木的地面上追寻它的踪迹便很困难。这样的经历我至今记忆犹新，所以我现在就没有走近这条奇怪的线去看。

　　第二天我便为此而后悔了。我看了阿弗拉兹·古尔在跟随拉尔·辛格时做的路线报告。在报告中我发现，他本人在此地以西约14英里的地方也恰恰看到了这条线。他们是从96号营地出发的。沿着砾石萨依边上走，他们遇到了一组古老的圆锥形石堆，还有一条奇怪的堤坝延伸在低处那长着芦苇的地面上。阿弗拉兹·古尔顺着这条堤坝一直走了约0.33英里，那里两堤之间无植被的空地有21英尺宽，而长着芦苇的堤至少要高出1~2英尺。他顺着走的那段堤坝是笔直的，几乎呈正东—正西方向，但东边有个转弯，说明堤坝是从东北方向来的。圆锥形石堆共有三个，出现在0.75英里的距离之内，呈一条直线。石堆是粗略地用石头堆成的，看起来很破败。此前，他们在西南方约1.5英里处也曾遇到一个类似的圆锥形石堆。

　　阿弗拉兹·古尔和我都认为这条线更有可能是一条引水渠而不是道路。在相距遥远的两个地方都发现了它，这使我觉得，可能人们想把水顺着谷地沿楼兰道引下来，以方便道上的交通。但收集到的证据太微不足道了，所以这完全是个假设。

过了上述那块台地后，我们向东—北东方向走。地面的沙质土壤上和偶尔出现的松软盐碱地上都长着茂密的芦苇。之后，矮沙丘越来越多，它们上面长满了芦苇，已被完全固定住了。到离前一个营地约14英里的地方，我折向东南，走到了两座长长的土山那里。台地约120英尺高，车马道在到达拜什托格拉克之前，就是从这两座土山之间穿过的。我还清楚地记得，1907年我经过这里时，觉得在此变窄的谷地真像扇大门。在覆盖着沙子的长长的土山上，南边的台地凸现出来。登上这块台地的最高点后，我清晰地看到，对面也有一个类似的岬从陡峭的土崖上突出来。

从我用望远镜看到的情况和拉尔·辛格的平面图、阿弗拉兹·古尔的路线报告来看，这两个南北相对的岬性质和形状似乎完全相同。考虑到它们之间相距只有3英里，似乎可以得出这样的结论：它们是一座土山的残余部分；土山本是横在谷地中的，后来被水流冲开了。从此处向东，谷地越来越宽。盆地状的谷口两侧是两行陡峭的悬崖。从这些悬崖的形状上也可以看出很大一股流水的侵蚀作用。这个现象很有意思，因为根据下文即将提到的穆罕默德·亚库卜的水平测量结果，从拜什托格拉克以东的疏勒河早期尾闾，一直到库木库都克附近的干涸湖床，地面是逐渐降低的。这表明，在不太久远的地理年代之前，这两地之间是存在着联系的。

　　1907年，我和蒋师爷曾把这两块台地命名为开门关，即通往中国最西部的大门。这次我登上台地，还有另一个小有价值的发现。在两块台地中靠北那一个脚下的一窄条砾石上，我看见了一条清晰的古老踪迹。这踪迹显然是野骆驼踩出来的。野骆驼原来生活在谷地南侧，后来车马交通把它们吓跑了。但还有另一个证据可以证明，在这个极为干旱的地区，即使偶尔路过的某个人的踪迹都会在砾石土壤上清晰地保留下来——在北面台地的砾石坡上，还很清楚地保留着7年前我骑马留下的脚印。当时我骑马上坡，眺望了一下东边的谷地，并看到了拜什托格拉克的几棵杨树。后来我还多次发现类似的证据，说明中国这些荒寒的沙漠土地有多么强的保存力。

　　我们又向前走了6英里，便到了拜什托格拉克水井。这6英里的地面状况是我在第二次探险中早已熟知的那种，在此就不需多说了。值得一提的是，谷口的沙地上生长着相对茂密的沙漠植被，谷口南侧的悬崖也是水蚀作用形成的，这些都再次给我留下了深刻印象。再往前便有高高的沙丘，遮挡在谷地南边那座辽阔高原的脚下。测量员穆罕默德·亚库卜已先我们之前在拜什托格拉克扎了营。完成水平测量任务后，他已经在那里待了几天了。他测量的地区约有60英里远，共测了526个点。在如此恶劣的地表环境和天气状况下圆满完成了任务，充分表现了他的耐心、敬业精神和耐力。

　　3月13日我们休息了一天，当天拉尔·辛格和阿弗拉兹·古尔也与我会合了。他们从库木库都克出发，直接向北穿过了罗布泊古湖床那结着盐壳的伸长部分，之后便紧挨着山脉覆盖着砾石的缓坡边上走。我上文中已经说过阿弗拉兹·古尔的一个重要发现。我可以在此顺便提一下他们在沿途发现的其他东西，然后再来看穆罕默德·亚库卜的水平测量路线以及从他的结果中能得出什么地理学结论。阿弗拉兹·古尔和拉尔·辛格从库木库都克出发后，走了约2.5英里，就到了古湖床那结着盐壳的坚硬表面。这一段湖床连续向北伸展了足足6英里，只是在靠近中间地方的盐上长了一小丛芦苇，芦苇以远还有一带约30英尺宽的咸水。对岸是一块长着芦苇和灌木的沙土，几乎和库木库都克附近的一样宽阔。

在当天的余下时间以及第二天，他们都顺着长着灌木的沙土带与土高原脚下的砾石萨依相接的地方走。有几处地方，他们都发现高原的边上被风蚀作用切割成了一连串孤立的小土台地或是小山。在96号营地以东5英里处的一座长着芦苇的小山上，他们进行了定向。就在这座小山脚下，眼尖的阿弗拉兹·古尔发现地上有水的迹象，于是命人挖了一口井。从地表只挖了2.5英尺就发现了丰沛的水。照阿弗拉兹·古尔的话说，水"同河水一样新鲜"。这和我在我的那口井看到的情况完全一致（那口井离他们的井有8英里远）。这使我觉得，即便今天，在谷地北边一直到我们的cvii号营地，只要选点正确的话，挖井大概仍能获得饮用水。

后来他们遇到了上文提到的那行形如古引水渠的堤坝。在堤坝之前1.5英里的距离内，他们都是顺着一条很清晰的古代小道走

的。此后他们还断断续续顺着它又走了6英里。在发现古代引水
渠的那一点的附近地区，在小道旁边稍高些的地方，他们还发现
了三个圆锥形石堆，而且在西南1.5英里远的小道旁边也发现了圆
锥形石堆。所以大致可以得出这样的结论：这条小道要么是人踩
出来的，要么曾被人用过。至于那是在多久以前的事，我们很难
猜出来。再往南在长着灌木的地带上，有吃草的野骆驼留下的脚
印。但小道上和两边却没有野骆驼的脚印。

　　此后，他们在到拜什托格拉克的途中观察到一些现象，其中
下面这个现象值得简单提一下。在97号营地东北面，他们穿越了
两条宽谷。这两条谷是从北边的山脉延伸过来的，切进了那覆盖
着砾石的土高原，类似于我在如今的疏勒河尾闾以东看到的情况。
高原伸出来的末端的相对高度有120~125英尺。过了第二条谷的
谷口，在约2英里的距离内，他们走过的地面上都是形如风蚀雅
丹一样的土台地，其高度6~20英尺。这些台地全是从北—北东到
南—南西走向，和我在西南穿越的台地带走向一样。无疑，这些
地貌都是在风蚀的作用下形成的。台地是前面说的那座高原伸展
部分的最后残余。起初，水流作用把它们从山脉上切开来，后来
风蚀作用又把它们塑造成现在的模样。它们的成因，和我在1907
年在疏勒河尾闾以南的几处地方看到的土山和台地完全一样。

　　过了这一带雅丹还有一块孤立的台地。过了这块台地，他们
遇到了一大片沼泽地，类似于我在cx号营地附近经过的沼泽。这
个沼泽再次说明，在拜什托格拉克谷地的谷口附近有丰富的地下

水。在98号营地（位于开门关附近的山崖西南约2英里处），他们在地表以下挖了2英尺便找到了水。水虽然很咸，但可以饮用。之所以这样，是因为那个营地南边的地区曾是一片大沼泽，沼泽的地表是硬盐，偶尔也出现一块块浸了盐的土壤，土壤上生长着芦苇丛。他们在沼泽中足足走了4英里，才来到了植被丰富的沙土地上。当人们穿越沙漠去敦煌时，之所以喜欢在拜什托格拉克停留，就是因为这些丰富的植被。

第三节　古代疏勒河的尾闾

如今我们离敦煌最西端的长城只有几天的路程了。在拜什托格拉克歇息了一天后，3月14日一大早我们就出发了。考虑到我7年前经过此地时获得的信息以及那之后我在古代边界线上进行的考察，我确信在这个地方，到楼兰去的中国古道和现在的车马道是合一的。

因此，当我再一次顺着楼兰道这最东边一段走时，已没有什么关于古道路线方面的问题需要解决了。但在1907年，我曾经过拜什托格拉克以东一个看起来明显是古代湖盆的地方，在那里我观察到一些现象，并由此引发了一个关于当地地理状况的重要问题。我在前一次考察的"个人报告"中曾简单提过，那些现象表明，那个湖盆和疏勒河尾水之间以前曾有过直接联系，而如今的疏勒河则是在南边终结的。那些现象还使我觉得，即便在今天，南边来的地表水或地下水仍有可能到达那个盆地。前面说到的水平测量已明确告诉我们，这个湖盆是包含在古代罗布泊流域之中的。如果能证明它与南边的疏勒河也有过联系，那将使罗布泊流域的面积向东大大扩展。考虑到以上问题，我们有必要更细致地考察一下这片地区，同时也证实一下现在的疏勒河究竟是在南边什么地方终结的。

　　骆驼和马都已十分疲乏了，水也有可能发生短缺，时间很紧迫。所以，为了达成上述目标，我又把队伍分成了几个小分队。穆罕默德·亚库卜将再进行一天的水平测量，一直到拜什托格拉克东边的那个干涸盆地离他最近的地方。之后，他将押运着沉重的行李，沿车马道走，直到车马道东尽头附近的一个集合点。车马道在湖盆南边穿越了一条宽阔的沙丘带，拉尔·辛格将在那条沙丘带中部离开车马道向东南走，并寻找来自疏勒河的下游河道，并一直追踪到河水终结的地方。我自己则带着阿弗拉兹·古尔向1907年已勘察过的道路的南边和北边考察，以便更仔细地看清那个干涸湖盆里的地面状况。

　　关于穆罕默德·亚库卜的工作，我只需说以下的情况就够了。他从拜什托格拉克先是向东北走，然后折向东边，成功地把水平测量工作一直进行到了下文要说的那个干涸盆地的西部边缘。那里横亘着一条高大的沙丘链，他是从沙丘链上的一条小豁口穿过的，因此，在最后的水平测量图上，沙丘的高度没有标出来。后来，他和我在 cxiii 号营地会合了。之后我又派他穿过南边的石质高原到疏勒河尾闾去。他后来把疏勒河尾闾河道图一直画到了一个小盐湖那里，那个盐湖就是河水终止的地方。

3月14日，我先顺着车马道走，即便这样，我也观察到一些有趣的现象。在离拜什托格拉克约3英里远的时候，我发现了两口只有3英尺深的井。这两口井既表明那里是个新的歇息地，也说明地下水面离地表不远。谷地底部平坦的沙地上生长着茂密的芦苇和灌木，一直长到横亘在谷地中的一条高大沙丘链那里。我在1907年就已知道，它就是那个干涸湖盆的西部边缘。沙丘带从拜什托格拉克一直延伸了约5.5英里远。沙丘横在谷地底部，好像还一直向谷地北边荒凉山脉的砾石缓坡上延伸了一段距离。车马道经过了一座宽宽的沙山的顶部。从那里向东望去，那个辽阔平坦的湖盆尽收眼底，湖盆边上结着一层又薄又亮的白色盐霜。向湖盆以远，我可以眺望到那一带雄伟、高大的台地。早在1907年我就认为，这些台地是在湖泊的作用下形成的。

一下到平地上我就惊奇地发现，有迹象表明近期曾有水泛滥到这里。即便走在低矮的沙丘之间，我就已注意到，那里长的芦苇比我记忆中的1907年的芦苇要茂密得多。当我们在距拜什托格拉克6英里开外的地方到达平坦地面时，发现了一圈稀疏的小芦苇芽。显然，这圈芦苇芽生长的地方就是去年夏秋时节暂时形成的一个湖的湖岸线。沿着湖岸线结了一层薄薄的盐霜，就像在灌溉新开垦的土地时出现在地表的盐霜似的。过了有盐霜的地方，沙子十分湿润，沙子中的盐也逐渐消失了。宽阔的洼地中并没有芦苇，因为那里以前的水太深，芦苇无法生长。

1907年的时候，这片地面上是干燥的沙子，那时车马道的痕迹很容易被抹平。而现在车马道的痕迹在这片湿润的地面上又宽又清楚。我们沿车马道走了约2英里，来到了第一组舌状山岭。这些山岭偶尔从南面突入湖盆中，山上全是流沙，山两边有一些孤立的土台地。在这里我们与拉尔·辛格分别了，并折向了北60°西方向。

在这个方向上我们看到的地貌特征，表明那里是一处湖床，不久前湖床中还有水。湖床较低的部分曲曲折折，就像我们在阿布旦东北容易被塔里木河水泛滥到的地区看到的潟湖似的。这些部分几乎没有芦苇生长，走在上面，脚会深陷下去，脚下的沙子中饱含了水（应该是淡水）。稍高些的地面上则稀疏地长着小芦苇，沙子表面像结了层硬壳似的，湿沙子在烈日下曝晒时就会产生这种现象。那里地表下的沙子也是湿的，而且没有一点盐的迹象。这给人的印象很深。我们只能认为，偶尔出现在这个湖盆中的水还没来得及蒸发就通过地下径流流走了，否则就没法解释为什么很少有盐。在前进的途中，可以很清楚地看到湖盆的西岸到处都是上文提到的沙丘带。西北方接近砾石萨依脚下的沙丘带似乎是最低的。这使我猜想，水有可能从那里流到了那块松软的盐碱地中。穆罕默德·亚库卜从拜什托格拉克出发进行水平测量时，曾在他的前进路线之北看见过那块盐碱地。

在这个辽阔平坦的湖盆中走了5.5英里后，我们来到了一块大台地脚下。它是一行土台地的北部边缘，这行台地在我们的右手，矗立在湖盆之中（图58）。这块台地很陡，约有120英尺高。可以看出，它由7层发红的土壤构成，每两层相邻的土壤之间夹着不厚的一层发黄的沙子。从台地顶上眺望，南面和西面的干涸湖盆

图58　拜什托格拉克以东俯瞰古湖盆的垄脊（远处是库鲁克塔格山脉的最东段）

尽收眼底，还可以看到北面那缓缓抬升的极度荒凉的深色砾石萨依。湖床北岸很清晰，岸边是一行不宽的小沙丘，上面长着带刺的灌木。

向东，目之所及的地方是一行行排列紧密的高大的风蚀土台地。我1907年从南边经过时就已经觉得，它们算得上是这一地区最引人注目的奇观了。后来我曾多次注意到，它们排成的行都是北—北东到南—南西走向，和罗布沙漠中常见的雅丹走向规则一样，但方向与它们却不同。这些大台地高度从80~120英尺不等，一律又长又窄，一行中相邻台地之间的豁口不太多。这些都表明，就性质和成因上来讲，它们和罗布沙漠中的雅丹没什么两样。

相邻两行台地之间是空地。在我们所在的这个位置，空地不到0.25英里宽。这一行行大台地表明，以前这里的风蚀作用是何等强烈。唯其如此，辽阔的盆地之上和成行台地之间的空地上没有任何山岭沟壑，就显得越加奇怪了。我认为之所以有这样鲜明的对比，是因为近期不时有水泛滥，再加上地下水离地面很近，地面上可以生长一些植被，保护了土壤。

做完平面定向后，我们在台地脚下挖了一口井。只挖到3英尺深就流出来新鲜的淡水。这充分说明，盆地北边的这块地方也常有水流来。无疑这也可以解释为什么上文提到的湖盆北边砾石缓坡脚下的那些小沙丘上长着大量灌木。我们继续向东北曲折而行，在奇形怪状的台地间走了3英里，一路上都能看见北岸那些小沙丘。在台地上，风就近用砾石做武器，最充分地施展了它的磨蚀本领。出了台地后，我们总算来到了石萨依辽阔的坡上。

我在坡上走了很远，这才看清楚，大土台地群同萨依脚下连在了一起，并一直向东延伸了至少4英里。在宽阔的砾石缓坡上，则只有几个不太高的发红的土台地。从这几块台地上看得出，此处地表的粗砾石之下也是土壤，和湖盆中靠南的台地构造一样。这片荒凉的萨依上看不到任何活的或死的植被的迹象。我们用望远镜巡视它的表面时，也没有发现什么可辨的水沟。我们登到台地顶上眺望，看到在东北方向，砾石坡以十分均匀的倾斜度一直延伸到了地平线。向北望时，远处的坡上也只有几座孤立的小山。显然，在这两个方向上，即使有一点水流到盆地中去，也全然不足以说明为什么盆地表面那么湿润。

勘察了盆地北岸后，我们折向南—南东方向，沿着两行高大台地之间布满砾石的沟走，看得出台地是纵向排列的。因为在2英里长的路程中，左边的那行台地中只出现了一条豁口，我们这才能把骆驼从豁口中带了出来。过了这段路后，植被又出现了，是一些生长在小沙丘上的带刺灌木。我们就在那里扎营过夜。我们试图挖一口井，挖了几英尺就发现这里的地面是由大小不一的砾石和沙子构成的，没有水的迹象，于是就放弃了这个努力。

3月14日晚上刮起了猛烈的西南风，把空气中的尘埃全吹走了。15日一大早，我们登上营地南边一块高约150英尺的醒目大台地，看到的景象极为辽阔。我们四周全是排列紧密的一行行台地，由一层层红棕色土构成，土层之间是薄得多的黄色沙岩层。

图 59　疏勒河尾闾以北古湖盆中的台地，从 cxii 号营地向西南看

在全景图 59~61 中，不仅看得出台地的各种形状，也看得出风对较松软的沙岩层的作用比坚硬的土层厉害，于是渐渐就把山岭切割成了一块块不大的平台和一条条小丘。

除了我们所在的这块广阔的台地，在东边还能望到两行台地。那两条台地带没这么宽，但是更长。显然，它们也位于这个湖盆

图60　疏勒河尾闾以北古湖盆中的台地，从 cxii 号营地西看

之中。湖盆向北伸展到砾石坡脚下，向南伸展到那一行高大的沙丘。从现在这个很高的观测点上我可以清楚地看到，那行大沙丘向西南连着一座长而平坦的萨依高原。我们在1907年的考察和绘制的地图表明，高原后面就是疏勒河尾水。当时我猜想，高原上应该有一条豁口，那样已越来越少的疏勒河河水才能流到这个湖

图 61　疏勒河尾闾以北古湖盆中的台地，从 cxii 号营地向西北西方向看

盆来。但现在我看不到什么豁口。

南方极远的地方，矗立着从敦煌一直延伸到安南坝乌拉的高峻山脉，山顶的雪闪着白光。这是一幅十分壮丽的景象。沿敦煌长城考察时，如果空气偶尔明净，就可以看到这幅景象，它深深地留在了我的记忆中。由于昨夜的暴风，北边那暗色砾石缓坡上

矗立的几座低矮的沙漠小山上，也微微闪烁着雪光。但太阳一升高，那里的雪光就消失了。我周围的景象十分辽阔宏大，虽然极为荒凉，却比我在中亚任何平原上看到的景象都要丰富多样。

现在我已知道了盆地西北部的状况和边界，于是我决定考察它的东南方。在台地带中向南走了约2英里后，我们来到了一块平坦的沙地上。沙地周围的土台地在风的作用下都变成了各种奇形怪状的小残块，残块之间又出现了一丛丛的芦苇和灌木。我们在沙中挖了一口井，水从地下3英尺的一层硬红土中缓缓流出。这里的水是咸的，但牲畜还能喝。我们穿过这块平地向东南走，地表的沙子中很快便浸足了水分。这样走了约3英里后，我们到了一条宽阔的沙丘带，沙丘高40~50英尺，车马道就是在这附近穿过沙丘带的。

像我们昨天经过的沙质平地一样，这块平地上也没有长芦苇。这是湖盆的一片低洼处，以前不时有水的。这里也看不到任何盐霜。这验证了我们的想法，表明这里的水之所以消失，并不是蒸发的缘故，而是从地下流走了。从沙山顶上眺望到的景象，几乎和 cxii 号营地附近的那块台地一样辽阔（图62）。它证实了我们在那块台地顶上看到的现象是正确的，即的确还有两行台地延伸进了盆地东部；东北的砾石坡是连续的，从那里应该不会有多少地表水流到盆地中来。

在考察这个古代湖泊的过程中，还有一个重要问题悬而未决。那就是如今疏勒河的尾水在泛滥时，有没有可能从南边流到这条

图62　越过疏勒河尾闾后面的干湖盆中部向西望

湖床中来。1907年4月，由于我忙于在东边的长城烽燧上进行发掘工作，就只能派拉姆·辛格考察一下托格拉克布拉克（榆树泉）下游的疏勒河尾水，车马道就是在托格拉克布拉克越过疏勒河的。他沿着河床往下游走，来到了标为174号营地的那一点。粗略看了以下的河道后，他在平面图上是这样标的：疏勒河在174号营地下游约3英里的地方，显然是折向西北方向了。

上述情况，加上拉姆·辛格给我提供的某些信息，使得我在绘制《西域考古图记》的地图时，把疏勒河尾闾就画在了我们从拜什托格拉克来的路上经过的这个古代湖盆附近。在撰写关于第二次探险的"个人报告"时，我写下了这样的猜测：疏勒河水仍能流到这个古湖盆的南部。后来的情况表明，我的这个表述很轻率。反复思考后，我开始怀疑这种表述的正确性，并提出必须再往西去才能真正找到疏勒河的尾闾。因此，我现在不仅让拉尔·辛格考察疏勒河河道一直到它终结的地方，我自己还急于亲自看一看这个古代湖盆的西南部分。

为了达此目的，我朝南—南西方向走，有时是顺着大沙丘链的三条分支，有时则越过这三条分支。从地图中看得出，沙丘链正是从南—南西方向突入到湖盆中来的。沙丘链的这几条分支都比它们之间长着芦苇的窄谷地高40~50英尺。走了约3.5英里后，我登上一条分支。我看到南边绵延着那条砾石萨依，它逐渐抬升，与一座大致东西走向的辽阔高原连在了一起。我想证实一下，这道屏障上是不是像以前我画的地图上那样有一条豁口，如果那样，疏勒河尾水就可以穿过豁口流进湖盆中。为此，我折向西南方向，一直来到了萨依高原边上。高原比紧挨着的长着灌木的地面要高出约80英尺，向东绵亘而去。我们顺着高原边上向东走了约3英里。高原上有座破碎的小石山，其相对高度约200英尺。登上这座小山我看到，横亘在北边的湖盆和南边的疏勒河河床之间的这道屏障是没有缺口的。实际上，这道屏障使我们根本看不见疏勒河。这座小山曾被当作路标，因为我们在山顶上发现了一个圆锥形石堆，其年代和起因都不得而知。

解决了这个重要的地形学问题后，为了能找到燃料和牧草，也为了与测量员穆罕默德·亚库卜和驼队取得联系，我们又下到了湖盆中。我们在不太高的台地中向东北走了约3英里后，来到了一块长着灌木的小平地，平地上还有些覆盖着红柳的小丘。在那里我们安了营。我们发现车马道就在北边约0.5英里远的地方，在台地北面的一片洼地中穿过。拉尔·辛格在从敦煌来的路上也曾在此扎营，根据他的气压表的读数，这一点比拜什托格拉克要高约90英尺。

第二天早晨，穆罕默德·亚库卜和驼队与我们会合了。他们仍是在人们常歇脚的那个叫阿其克库都克的地方宿的营，那里离拜什托格拉克约2.5英里。当天我们又往前走，来到了俯瞰湖盆东部的那座高原。为了给疏勒河尾水（包括其尾闾）的绘图工作加上双重保险，我又把穆罕默德·亚库卜派出去完成这个任务。考虑到我们的牲畜在沙漠中长途跋涉之后均已疲惫不堪，再加上找水的困难，我认为有必要沿着车马道直接到汉长城的西端去。人畜现在都急切地盼望着在敦煌进行休息，而在此之前，我们必须节省出时间来沿着长城进行补充考察。这使我更恨不能马上到达长城西端。

3月16日，我们最初经过的是湖盆的最东端。从 cxiii 号营地走了没多远，所有的台地就都被我们甩在身后了。地面现在像一片浅浅的洼地，南北两侧都是由页岩和结成块的砾石构成的陡崖。洼地向东逐渐变窄，而洼地底部变得像萨依一样布满了粗糙的砾石，但时不时会生着一小丛坚硬的灌木。从地貌上看，这片洼地是某条河流偶尔泛滥时冲出来的。肉眼便能看得出洼地底部是逐渐向东升高的。洼地南边连着一座高原。在车马道离开洼地折向高原的地方，洼地仍有约1英里宽。要想到达高原边上，我们不得不在一条小侧谷的陡崖上登了100多英尺。这些情况都能反映出，从前泛滥到这里的水量有多大。

这里的地貌与托格拉克布拉克附近的疏勒河实际河道很相似，那里的河水也是在类似的铺着砾石的高原之间切出一条河道来。从我们1907年的考察以及拉尔·辛格在从现在的疏勒河尾闾回来时进行的勘察中看得出，这片洼地通向一个古湖盆的最东南端。那个古湖盆和两条古河床相连着，如今疏勒河已不再流到那两条河床中，但以前它们是疏勒河三角洲的一部分。拉尔·辛格曾穿越两条河床中靠南的那条，那片穿越点与车马道离开洼地的这一点相距只有5英里。因而，我们可以肯定地说，两者之间是有联系的。

第四节　疏勒河三角洲

我将总结一下，从对前面说的那个干涸湖盆进行的考察中我们能得出什么结论，即它与疏勒河尾水以及拜什托格拉克谷地之间分别有什么关系。但在此之前我要简述一下，在1914年的考察中，关于疏勒河是如何终止的，我们获得了什么资料。从地图上可以看出，现在只有经过托格拉克布拉克的疏勒河河床在春夏两季是常有水的。这条河道终止于一个湖中。在我们的考察员去的时候，湖上有一片咸水，水面长约6英里，最宽处有2英里。

1914年3月17日，我测得托格拉克布拉克那里的疏勒河流量为180立方英尺／秒，而1907年5月2日我测得的流量却高达1 800立方英尺／秒。从这个对比中我们可以得出这样的结论：在春夏两季的丰水季节，作为疏勒河尾闾的那个湖的面积肯定要大得多。在这两个季节，很可能湖东面和南面结着盐壳的地面都将被水淹没。而在西面和北面，湖的季节性扩张受到了限制，因为那里的湖边上弯着一条巨大的沙丘链。据拉尔·辛格估计，沙丘比湖面要高出300英尺。从性质上来讲，这条沙丘链很接近塔克拉玛干沙漠中河流尾水两侧那些高大的达坂——这些河最终都消失在沙漠中。这条沙丘链的主要成因是：疏勒河在泛滥季节带下来泥沙，泥沙沉积后被盛行的东风堆积起来，形成了沙丘链。

在到达这个尾闾湖之前，在托格拉克布拉克附近24英里的距离内，疏勒河的实际河道是一条较窄的沟状河床，河沟深陷在砾石高原上。在托格拉克布拉克下游约8英里的地方，河右岸的高原变成了覆盖着灌木的沙质洼地，左岸的高原则继续向下游延伸了约9英里。在剩下的不长的流程中，河北面矗立着我们上文说过的那座砾石高原，高原上点缀着孤立的矮丘。就是这座高原构成了河道与北面那个古代湖盆之间的屏障。

尾闾河道以南、尾闾以东伸展着一个大盆地，盆地中大部分是沼泽。1907年，我沿汉长城西南段考察时，已经勘察了这个盆地的东部和南部边缘。盆地南北约长20英里，东西最宽处约有30英里。盆地南部和东部是沼泽。沼泽中的水是从南湖西南山脉的那片大砾石缓坡底下流过来的地下水，可能也有偶尔从山坡上流下来的雨水。有理由认为，这个盆地的大部分都是沼泽地，在春末和夏季是无法通行的。

从托格拉克布拉克往上游走，走到8英里和18英里处，我们发现从主河床上分别岔出两条干河床。在不太久远的从前，它们是疏勒河三角洲的一部分。这两条分河床也在砾石高原上形成深沟。但根据拉尔·辛格的考察（他曾在三处地点越过这些河床），和我在废烽燧 T.I 附近看到的靠南的那条河床的情况，这些沟在继续往前伸展时，要比经过拜什托格拉克的河床宽得多。在 T.I 号烽燧附近，那条古河床形如一条谷地，约有1英里宽，长满了芦苇丛和灌木。南边的岸十分陡峭，比河床底部要高出约70英尺。但是，当1914年3月16日再次造访河床边上的这座古烽燧时，我发现1907年还是干盐壳的地方，如今变成了一大汪一大汪的水，水四周的地面上结着盐壳。看起来似乎是去年夏天或一两年以前发了场大水，水流进了这条宽沟（即久已干涸的古河道）之中。1907年，拉姆·辛格穿过北边的那另一条古河床时也看到了茂密的芦苇丛。

从这两条干河床的走向来看，我认为它们中曾有过的水一定是穿过前面说过的洼地，流进了西边那个布满台地的盆地。洼地像条豁口，把南面绵亘的高原同北山的最南段隔开来，那段山脉就俯瞰着疏勒河下游的河沟。疏勒河在穿过布隆吉和安西之间时经过的窄豁口，与这个极为相似。

这些疏勒河古支流曾有过的水都流进了那个盆地，而那个盆地与疏勒河南边的实际尾闾之间却没有联系。在注入盆地的内流河里，这样的情况不止一例。在紧挨着疏勒河流域的一个地区，我们就能找到与此完全一样的尾闾分汊的情况。肃州河和甘州河汇合成的黑河在尾闾三角洲分成许多支流。支流之间离得很近，像疏勒河的支流一样。这些支流最终分别流进了两处湖盆中：嘎顺诺尔（即居延海——译者）和索果诺尔。这两个湖盆之间并无联系，而且似乎其海拔高度也不同。同样，我们可以证明，在距今不太久远的历史时期，阿姆河也在尾闾分别注入里海和咸海这两个相距十分遥远的盆地。我们以后还将说到疏勒河本身发生的又一个有趣的分汊现象：可以证明，在玉门县下游大拐弯处附近，疏勒河的一部分河水（虽然只有很小的水量）向东流进了花海子这个尾闾盆地。以前，疏勒河那些古老的北方河床注入的盆地和现在南边的河床注入的盆地，是否同时有地表径流注入呢？考虑到证据有限，又缺乏专业知识，我无法对这个问题发表意见。但是，我认为可以肯定的是，北边的古老河床和拜什托格拉克以东的高大沙丘链之间的那块地面，其地表特征无疑表明它确实是个古湖盆。

我要指的是，这片地面上分布着极广的高大台地群和山岭。不管专家们指出构成它们的沉积物的先后年代如何，也不管侵蚀作用起于何时（现在只有风蚀作用了，但以前很可能还有流水的作用），可以肯定的是，在附近那些已干涸的湖盆中，也有和这完全一样的成行的台地。不仅在古罗布泊大湖盆（位于从楼兰东北到库木库都克之间）中的部分地区有这种地貌，而且这种地貌还出现在凡是疏勒河的下游河床伸展成湖盆的地方，如哈喇湖和敦煌长城北边和西南边的那些湖盆（湖盆中一部分地区已成了沼泽）。还值得注意的是，1914年11月我们发现，哈密河尾闾的几处干涸湖盆附近也有类似的台地。因此，我们有理由认为，只要我们在天山和昆仑山之间的这一大片内流区遇到这种台地地貌，就说明那里是一条正在遭受风蚀的完全干涸或部分干涸的古湖床。

可以肯定地说，拜什托格拉克以东的古湖盆，其现在的水主要来自疏勒河，我们在考察过程中获得的地形资料证明了这一点。湖盆面积很大，而无论是从极度荒芜的北山，还是从南边覆盖着高沙丘链的山坡上，流来的水量都不会太大。因此我们可以认为，湖盆中部、西部辽阔洼地中丰富的地下水来自疏勒河。

从我观察到的现象看，我认为，现在疏勒河水更有可能是通过渗透作用到达这些洼地的，而不太可能是在夏季偶尔发生的泛滥中流过来的。1914年3月我们发现，这个古湖盆的洼地中地表的沙子都是湿的，而且没有发生盐结壳的现象。洼地中之所以出现了一汪汪淡水，肯定是疏勒河三角洲的那些古河床中的水从地下流过来的缘故。古河床中的水透过砾石河底，渗到了底下的不可渗透层，而这个湖盆的位置一定比那些河床低。南湖北边和西边的砾石萨依上也有一些中途消失的小河流，而从哈喇湖到托格拉克布拉克以南的长城沿线上，都有由这些小河流地下补给的沼泽和泉水。同那些小河与其补给的沼泽间的距离相比，我们说的这个湖盆同疏勒河实际河道间的距离并不算大。

我们也可以用地下渗透作用来解释原因：一方面在蒸发作用使这个古湖盆中的洼地结上盐壳之前，暂时存积在这里的水就没有了；另一方面，拜什托格拉克谷地的井眼和开阔的沼泽中则都有水。从地貌的大致情况和空盒气压表的几次读数来判断，从疏勒河尾水到这个布满台地的古湖盆之间，地势是逐渐下降的。但再向西，从湖盆的西岸一直到古代罗布泊东部的那片大水湾，我们都曾进行严格的水平测量。测量结果直接证明，这段地势是不断下降的，而且下降幅度还很大。

于是便可以得出这样的结论：即便是今天，疏勒河水也从地下流进了罗布泊这个巨大的尾闾湖盆；在距今不太遥远的地理年代，疏勒河流域和塔里木河流域的地表径流之间，通过拜什托格拉克谷地发生了联系。至于那个时期距今究竟有多久，这个问题我还无法回答。而且我认为，必须对整个地区进行进一步的详细考察（最好是在一个训练有素的地质学家的帮助之下），否则讨论这个问题是没有益处的。在此我只想请大家注意，疏勒河以前曾将其全部或部分的水注入罗布泊，这个事实在地理学上将很有价值。因为那将意味着，虽然被简单称作塔里木盆地的这个内流区已经可以和咸海相提并论，但其面积还应该扩大。它在东北的界线应该从原来的东经92°移到东经99°，因为在那里，在与太平洋流域的分水岭上，是疏勒河在最东边的冰川源头。

将中亚的这个主要内流区的范围扩展，可以说还具有另一方面的地理意义，并颇有历史学价值。盆地的扩展使我们更好地意识到，无论是从它荒芜的砾石地面，还是从它的绿洲，或它的像帕米尔一样的高山中的谷地来讲，疏勒河流域的地理特征都和塔里木盆地极为相似。这种地理条件的相似性在历史上是很重要的。它告诉我们，为什么疏勒河下游向西经过的那一片辽阔的低地，有史以来就没有大游牧部落居住，各民族大迁徙时也不从那里经过。

但对像汉朝这样一个高度文明的帝国而言，疏勒河下游谷地简直是一条天赐的极方便的走廊。汉朝希望开通的通往中亚和西方的大商道可以由此经过，行政辖制区和军事保护区也可以由此向西有步骤地扩展。商道开通后，人们很快便发现，这种扩展是极为必要的。因此，从中国的商贸和影响力向西扩张的角度来说，敦煌绿洲以及分布在肃州—敦煌道沿线的小绿洲，与天山和昆仑山脚下成串的绿洲，起的是同样的作用。没有这些绿洲，塔里木盆地就不会成为中国、印度和西方文明交汇的天然大通道。

第五节　楼兰古道上的交通问题

到此为止，我们已经考察完了敦煌长城与楼兰之间的汉代古道经过的全部沙漠地区。

现在我想最后简单说一下，当时道上的交通要想维持下来需要什么条件。为方便起见，我把东边作为起点。因为，在这条面临严峻自然环境的古道上，维持正常交通所需的人员和物资大部分是从东边来的。

古代中国行政管理机构必须尽力保证沿古道去西域诸国的部队和使节有充足的物资。古代玉门关以东长城线上的那个醒目的大废墟（我将它编号为T.XVIII），就提供了一个直接的考古学证据。1907年我考察了那里并发现了一些文物，证明它曾是中国古代的一个大仓库。这样一个位于前沿的物资供应站，给来往于楼兰的军队、使节和护送人员提供给养是很方便的。而从敦煌城只需走三天就可以到达这个大供应站。

过了这个大仓库沿长城走，一直到长城的西部端点 T.IV.a（位于托格拉克布拉克附近）需要走两天。在这最初两天的路程中，现在是可以找到水的，还可以从茂密的芦苇丛和灌木中取得草料（水和草料是最要紧的两种物资）。古代肯定也是这样。此外，这段地面大部分是坚硬的砾石萨依，驮了东西的牲畜和载了辎重的车都很容易走。但此后的两天里，自然条件就没这么有利了。这两天内要穿越三陇沙的末端和古湖盆，然后才来到现在的拜什托格拉克附近。在到拜什托格拉克之前遇到的流沙丘非常难走，对车辆来讲尤其如此。但即使今天，走在中国新疆和甘肃西部道上的人们，也遇到并克服了与此类似但更严峻的困难。而且，从前在古湖盆最东段找水大概比现在要容易些。

过了拜什托格拉克附近之后，我们已说过《魏略》路程表中的居卢仓很可能就在那里，所以古道一定是沿着拜什托格拉克谷地北侧向西伸展的。在80英里或四站的行程中，大概可以通过打井而获得饮用水，也有一些芦苇和灌木可以作为牧草。过了这段路后，就会来到我们的 cvi 号营地附近，如今到那里植被就消失了。前面说过，沙西井应该就在那一点附近的什么地方。考虑到结着盐壳的罗布泊古湖床十分靠近标志着古湖岸线的山崖脚下，我认为过了沙西井后，无论是汉代还是今天都是不大可能找到什么植被的。

我们似乎可以得出这样的结论：到此为止，在古代解决人畜饮用水和牲畜草料的问题，不会比现在安西—哈密道穿越北山的荒芜石质高原那一段路更困难（如果平均每天走20英里，那段路程需要走9天）。

但再往西，人们就得面对极为严峻的考验了。我们从楼兰出发追寻中国古道的经历充分表明，即便在古代，沿着这条道足足走上约125英里，也不会发现任何水源或植被。如果在我们的 ci 号营地和 civ 号营地之间，古道的路线比我们在实际考察中走的更直些的话，从距离上来讲是可以少走12英里的。但走直道可能同时意味着，路途中最艰难的部分，即走在罗布泊湖床那起伏不平的盐壳上的部分将被延长。

如果不是因为两个事实，古代人们在这段路途上遇到的物资和运输困难一定会和现在一样严峻。其中一件事实是，当时在这段路西边140英里远的楼兰 L.A 遗址周围的垦殖区中，有一个西部物资供应站（我们现在应该在塔里木河上寻找这个供应站）。另一个事实是，在库鲁克河断流之前，从 L.I 台地（即 c 号营地）往西，古道沿线的大部分地区是可以找到水和充足的芦苇、灌木的。但最困难的问题仍没有解决：有一段路程，任何驮着东西的牲畜、车辆或人员，步行至少要走五天。在这段路程中，燃料以及人畜所必需的水和食物都得由远方来提供。

在古道的这一段上，给军队和一般商旅提供必需物资的困难，要比现代军事和商业活动中的一切困难都要严峻，因为古代人是没有铁路和机械运输手段的。中国探路者和汉王朝是怎样解决这个难题的呢？对此，除了下文即将提到的一条虽重要却不免过于简短的汉文资料，我们再没有别的信息了。但明确的历史学和考古学证据告诉我们，人们不仅直面这个困难，而且解决了它。一个对当地地貌有实际经验的考古学人士必定会思考从前的人们采取的是什么办法。当然，对此我们的答案只能是猜测而已。

显然，最初为便于给道上走的军队、使团等供应水和其他必需的物资，人们采取了建立物资供应基地的办法。《汉书》中有一段文字直接表明，当时在楼兰那一边就用了这种便宜之策。这段文字我曾经引述过，但由于它的特殊性，我不妨再引述一遍："楼兰国最在东垂，近汉，当白龙堆，乏水草，常主发导，负水担粮，迎送汉使。又数为吏卒所寇，惩艾不便与汉通。"

前面说过，地形学上的事实表明，所谓白龙堆，指的就是罗布泊古湖床两侧那一行行结着盐壳的雅丹，古道必须是从它们中间穿过的。如果上面的译文准确地表达了汉文原义，我们大概可以这样推断："楼兰国的最东部边界"（实际上是对"楼兰国最在东垂"的误解——译者）指的是罗布泊湖床的东岸，人们就是把水和物资运到这里来迎接中国使团的到来。我们应该记得，距离此岸最近的楼兰地区有水的地方（在 L.I 台地附近）也足足有 50 英里远，而要想从 L.I 台地到达楼兰遗址附近最近的垦殖区，还要走上 25 英里的路程。记住了这些事实，我们就能明白，为什么提供物资这个义务对楼兰人来讲是个沉重负担。当时依提木布拉克和考鲁克布拉克可能还有饮用水（现在那里已经没有水了），也可能有芦苇和灌木这样的牧草。但从古道到这些地方，距离根本就近不了多少。

古道上有两天的行程是绕着干涸的罗布泊的东岸走的，即 cvi 号营地和 civ 号营地之间。在这两天，如果水等物资是由拜什托格拉克谷地这一侧安排的话，可能会省些麻烦。因为这一侧是平坦的石萨依，走起来容易些，而且不必穿越罗布泊上那片辽阔的起伏不平的盐壳。但从另一方面来讲，虽然拜什托格拉克谷地西端附近可以弄到水、燃料和芦苇，但人员所需要的全部物资都得从敦煌那一边运来，而敦煌最近的垦殖区离 cvi 号营地（即沙西井的大致位置）也有220英里远。

关于这条古道东段的交通是如何维持的，现在的安西—哈密道穿过北山萨依的那一段与之大概很相似。在安西—哈密道前11站的行程中，水是很有限的。还有人用骆驼从远近不一的地方把芦苇运到驿站那些破败的小屋，并将其高价出售。除了这样的水和草料，从当地便无法得到其他物资了。但我们知道，尽管存在着这些困难，在当地发生叛乱之后，清王朝仍精心策划了收复新疆的行动，并于1877年完成了这个行动。为达此目的，他们先是让军队从肃州转移到安西，又从安西分成一支支小队沿安西—哈密道来到哈密。通过这种方式，他们在哈密绿洲逐渐集结了一支数量不小的军队（可能不少于4万人）。自从公元73年安西—哈密道开通以来，它就是中国和中亚之间的主要联络线。所以可以肯定的是，以前在中国向西扩张的时期，如东汉、唐朝以及清乾隆年间，安西—哈密道上都曾有大量军队和商旅往来，而那几个时期的自然条件与现在是很接近的。

　　如果把古今安西—哈密道上的条件，同人们以前在古楼兰道上遇到的困难对照一下，我们就会注意到一个十分重要的不同点。在安西—哈密道上，穿过北山萨依走10天后，行路人就会来到一片肥沃绿洲的边上，仿佛上天为继续穿越东南沙漠的行程提供了一个桥头堡一样。但在楼兰道上，行路人向西走10天，最近的水源仍然离他约有120英里远，楼兰垦殖区则离他有150英里远。而且，楼兰地区由于灌溉水源不稳定以及其他自然条件的制约，根本无法提供像哈密那样的物资。

　　就楼兰道的西段来说，上述事实的存在，加上那里离敦煌的物资供应站有200多英里，都增加了物资运输上的困难。但是，尽管无法知道确切细节，我们却可以肯定，自从汉武帝先是把商团接着又把远征军派往塔里木盆地及其以远地区以后，人们都英勇地面对了这些困难。由于最大的障碍无疑是缺水问题，所以在这片条件恶劣的地区，人们大概尽量用骆驼来运输，因为骆驼是最不需要定时饮水的。楼兰盛产骆驼，这一点《汉书》中关于楼兰的记载可资证明。在这块干枯的地面上，要想克服交通中遇到的障碍，用大队骆驼来运送水、物资和燃料无疑是最好的办法。但是我们应该记得，5月到8月这最热的四个月里，如果在罗布盆地使用骆驼，肯定会遭受重大损失。

　　但我们也可以想到，马、骡子或驴拉的车在运输中也可能占了很大的比重。中亚的中国人和甘肃当地至今仍保留着使用这类车的古老传统，楼兰遗址的汉文文书也证明曾用过这种车。车很方便，而且在完全没有水的沙漠两侧用车，不会遇到太大的障碍。但我们只需简单计算一下就会知道，在那没有水的五天漫长的行程中，车会面临多大的困难。一辆骡子或马拉的车的有效载重中，光是拉车牲畜本身所需的水和草料就要占去一多半。剩下的地方只能坐四个行李少得不能再少的旅客，或是能装可供四个骑马者用的水和粮食。

就牛拉车来说，其有效载重虽然大一点，但考虑到牛走得比马和骡子慢得多，也就说不上有什么优势了。在如今中国新疆的主要道路上都很少见到牛车，大概当地出于某些原因不愿广泛使用牛车。

尽管楼兰古道上的交通条件十分艰苦，遇到的困难十分严峻，我们在《史记》中却看到，大约公元前119年，张骞"将三百人，马各二匹，牛羊以万数"，沿着这条道出使到了乌孙国。这本记载作者同时代之事的历史著作还说，紧接着张骞出使的那几年，这条道上来自中国的商团和使团越来越多。由于使团经常遭到楼兰国和姑师国（吐鲁番）的劫掠，公元前108年由"轻骑七百人"构成的远征军出兵征讨了这些地区。

司马迁记述了大宛国（即费尔干纳）人的看法，使我们对楼兰道上的严酷自然条件有了一个真实的感受。大宛人说："汉去我远，而盐水中数败。出其北有胡寇（指鞑靼人），出其南乏水草？汉使数百人为辈来，而常乏食，死者过半，是安能致大军乎？"

尽管这段文字生动地描述了远征将遇到的巨大困难，公元前104年，汉武帝还是任命李广利为贰师将军，"发属国六千骑，及郡国恶少年数万人，以往伐宛"。

　　书中说，两年之后，当这支军队无功而返回到敦煌时，剩下的士兵"不过什一二"。皇帝又下令采取新措施来挽回这次失败。司马迁告诉我们，当新组成的军队于公元前102年离开敦煌时，共有"六万人，负私从者不与。牛十万，马三万余匹，驴骡橐它以万数。多赍粮。兵弩甚设，天下骚动"。为了给这支大军提供物资运输，整个帝国凡是犯了小罪的人都被充作搬运工，而"转车人徒相连属至敦煌"。司马迁说，这支汉朝军队到达大宛都城时有3万人。可见，他说最初踏上楼兰道的有6万人，大概并非夸张。这次浩大的远征虽取得了最终胜利，但付出的代价也是很惨重的，因为《史记》中说，当大军回师时，"军入玉门者万余人，军马千余匹"。

　　我们很难想象，沿楼兰道进行这样的远征得需要多少物资给养和运输，大军在穿越可怕的荒凉沙漠时，人们又遭受了怎样的苦难。但司马迁被称为"中国的希罗多德"，他对同时代事情的记载是十分可靠的，这一点不容置疑。于是，在克服这条沙漠道上所有艰难险阻的行动中，我们又一次领略了中国古代领袖那令人叹服的组织能力。这种能力使他们也克服了大自然在其他时期、其他地区设置的极为严酷的障碍。

第五章

到敦煌和安西去

第一节　敦煌西北的长城

从3月17日起，我的工作地点又在中国古代的长城线上了，我还时常回忆起1907年在那里进行的成果累累的劳动。我十分清楚，当时出于环境的限制，我在系统考察长城遗址时留下了一些缺憾。此次我重回这一地区，一个重要原因就是想尽量弥补这些缺憾。我这次对敦煌长城进行的考察，只不过是对《西域考古图记》中的详细内容的补充和继续。

在3月17日和18日沿长城线的头两天行程中，我从托格拉克布拉克来到了古代大仓库T.XVIII，并进一步考察了玉门关以南的辅助城墙。我又观察到了一些考古学现象。这些现象都已详细记录在《西域考古图记》的相关章节中。此外，我再次考察这段长城时，还捡到了一些小物件。

对这段长城，我们就只说这些了，现在让我们来看看那片还有一些长城遗址尚待清理的地面。我指的是哈喇湖以南的那一组烽燧，其中有几个我在1907年5月曾远远地望见过，但当时出于现实的考虑，我不得不将它们搁下了。现在我要想完成这个任务，仍面临着与当时类似的困难：从米兰带来的物资已不多了；挖掘的人手只有我手下这几个人；还必须节省时间，因为在这一年的春天，我们在别的地方还有工作要做。于是，在3月9日我把所有沉重的行李，连同那些不能从事挖掘的人，都提前遣往敦煌，这样就可以把他们的物资节省下来给别人用。我们正准备在烽燧T.XXII.a附近一片沼泽洼地入口处扎营（1907我曾望见过这座烽燧，但没来看过），一件极为幸运的事发生了。我们碰到了一小群曾在米兰帮我们挖掘过的罗布人。他们刚刚在敦煌做过买卖，正赶着驴群回家去。他们用不着的几个人手，再加上在这个被称为大泉的地方放牧骆驼的一群人中的两个汉人，就为以后几天的工作临时凑足了挖掘队。

为了又快又全面地对东边的长城线进行考察，我认为有必要像1907年的做法一样，由我本人在前面进行先期勘察，我那个能干的干零碎杂活的人奈克·夏姆苏丁则带着临时凑成的挖掘队跟在后面，把我找到的遗址都清理出来。在我寻找烽燧遗址和可能将它们连接起来的长城墙体的先期工作中，有很多有趣的经历。有些地方还曾被春天泛滥的疏勒河淹过，走起来颇为艰难。但是，由于已在《西域考古图记》中说过，我最好还是按照地形的顺序来描述观察到的地貌特征，并记录对遗址的考察和清理结果。

从T.XXII.d起的这一组烽燧坐落在哈喇湖南岸，是我在《西域考古图记》中记录的湖区长城向东延伸的部分。我在该书中已指出，凡是湖区长城面临哈喇湖和西边那个宽阔沼泽盆地时，湖和沼泽地带都被用作水界，而不筑城墙。这可以解释为什么从位于哈喇湖出口处的烽燧T.XXII.c一直到T.XXIII.b附近这段直线距离约10英里的范围内，看不到什么城墙的遗迹。这段距离内的哈喇湖，湖面最宽。1914年3月的哈喇湖，水面大多数地方宽达2英里，南部湖滨还有一片沼泽。这个湖全年都能提供足够的防卫，因为春夏的泛滥时节过去后湖中剩下的水含盐度很高，所以湖上结厚冰的时间绝不会太长。

大约在湖岸的中部有一个向湖中突出的地势较高的小半岛，半岛上有很多台地。这个半岛是从南面向大泉伸展过去的舌状高原延伸出来的一部分。湖岸突出来的这个半岛，在很大程度上缩短了北边积着深水的湖面的宽度。同时，它也提供了一些制高点，从制高点上不仅能瞭望到深水带，还能守望左右两侧浅水湾中的沼泽。就是这个地形上的原因，我们发现有三座烽燧坐落在这个地势较高的半岛上。它们是T.XXII.d到f，分布在约2英里的范围之内。在从T.XXII.d上拍摄的照片197号中，我们可以看出它们驻守的是什么样的地方。

T.XXII.d坐落在一个风蚀土岭上（图63）。土岭很陡峭，比西

图63 哈喇湖边山岭上的 T.XXII.d 烽燧遗址

边水湾中的沼泽高出约80英尺，从东—北东到西—南西方向延伸了300码。这座烽燧有16英尺见方（图64），残烽燧高约9英尺。筑烽燧的土坯尺寸与敦煌长城上常见的土坯尺寸相同。每四层土坯之间夹着一薄层芦苇秸秆。我只能勉强看出三间屋子的朽坏得极为厉害的墙体，连在烽燧的西边和西南边，它们原是营房。其中一间沿北面有一条只有2英尺宽的通道，通道底部积满了灰烬。看起来这条窄通道是个为隔壁取暖用的炉子，就像现在中国民居中的炕一样。

小烽燧西南不远处有一堆垃圾，我们从中发现了10多枚汉文木简（大多数已经残破不全），还有一些小木制品和纺织品。木制品中值得一提的是：一个木碗的耳，漆成红色；一把木梳；两把木铲刀。纺织品残件主要是各种颜色的素绸，但也有几件毛织品。这里发现的一件粗糙棉织品，在长城上很少见。在这里我们还发现了一枚边缘已损坏了不少的五铢钱。

在这座烽燧东边大约0.75英里的地方，隔一片长着芦苇的沼泽，有一条东西走向的风蚀山岭，烽燧 T.XXII.e 遗址就坐落在山岭顶上。这座烽燧底部约有14英尺见方，高达9英尺，顶上有一间约6英尺见方的小瞭望塔（图64）。由于山岭本身就高达90英尺，所以视野很开阔。烽燧用土坯筑成，每隔五层土坯便出现一层芦苇。从烽燧上可以望到湖面和湖南岸很远的地方，东边的烽燧 T.XXIII.c 和 T.XXIII.e 都清晰可见。清理了瞭望塔和烽燧脚下的垃圾堆后，我们发现了8枚汉文木简，还有一些零碎东西。其中值得一提的是：木弓残件，残件四面各有一个汉字题识，字很工整，但几乎被磨光了；一把保存得很好的扫帚。在山岭南坡上，烽燧以下约20英尺的地方，土中有5个窄窄的凹陷处，显然是营房。其中一个凹陷处里有生火的地方，另一个凹陷处里有个放东西用的小龛。

在这里发现的木简中，有一枚比较重要，因为它详细地说到

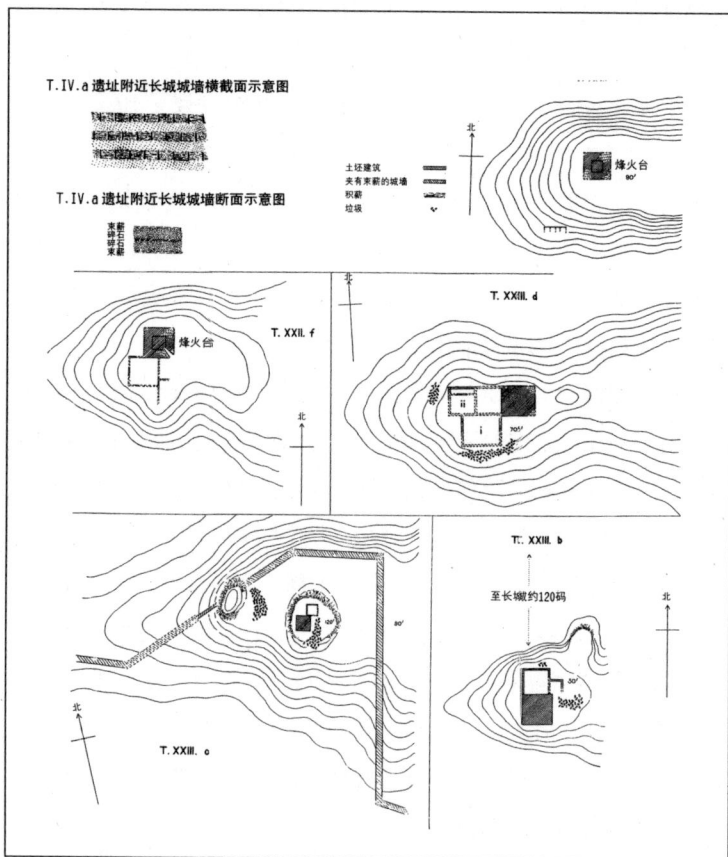

图64 敦煌长城烽燧平面图

敌人来袭等紧急情况发生时，怎样在边界线上维持烽火。以前在长城上发现的文书中，也有提到这种"可视电报"系统的，但都很泛泛。还有两枚木简也很有价值，它们提到了隶属于"破胡"的"止奸"这座烽燧，其措辞使我们认为，"止奸"无疑指的就是T.XXII.e 这座烽燧。

T.XXII.e 东北不到1英里远的地方，有一片从 T.XXII.a 弯过来的山岭，突入了湖滨的沼泽之中，使当时北面有水的湖面缩短到了约1英里。从这带山岭最末端的土台地上可以眺望到整个湖面，烽燧 T.XXII.f 遗址就坐落在这里。它存留下来的建筑包括一座用土坯筑成的烽燧，还有烽燧南面和西南面连着的两间屋子。屋子墙上曾抹过灰泥，如今残墙高只有1~2英尺（图64）。烽燧底部有16英尺见方，残烽燧高约8英尺，顶上有一间7英尺见方的瞭望塔。瞭望塔的入口是东南角的一条窄通道。从烽燧外边的垃圾堆中发现了两件写在木头上的汉文文书，其中一件是一块写板，已破成了三块。零碎小物品中，值得一提的有一副铁制马嚼子的一小块，和在 ci 号营地以东的楼兰道上发现的类似；还有两枚带倒刺的青铜箭头，这类箭头在敦煌长城上不太常见，但在楼兰地区曾发现过。从 T.XXII.f 所在的这块台地上眺望，东边的湖岸线和附近长着灌木的沼泽地都尽收眼底。但在它和下面即将说到的 T.XXIII.b 之间，沿湖岸线却望不到什么烽燧或其他遗址。由于东边的长城墙体到了 T.XXIII.b 便终止在沼泽般的涨滩上了，所以我推断，在T.XXII.f 和 T.XXIII.b 之间足足5英里远的距离内，古人认为湖面所提供的"水界"就足够防卫之用了，而这一段的湖面也是最宽的。此外，在这块地面上，离湖岸1英里之内都是平地，没有建烽燧的有利位置。

但 T.XXII.f 和 T.XXIII.b 之间的这段距离也并不是全无防范措施的。从 T.XXII.f 延伸过来的风蚀山岭的东段，与南边的大萨依伸出来的一座窄高原末端离得很近。在那里我们发现了两座挨得很近的烽燧 T.XXIII 和 T.XXIII.a。它们坐落在上面说的那座高原末端的一个险要位置上。我在1907年已经探访过这两座烽燧，因为到敦煌去的车马道就是从它们脚下经过的。考虑到连接敦煌和玉门关（以及长城西段）的最便利的交通线必定一直是从这里经过的，所以我认为在这一点上设了 T.XXIII.a 和比它高些的烽燧 T.XXIII，很可能有双重目的：其一是戍守道路，其二是把长城的烽燧线连接起来。

3月20—22日，我们是顺着 T.XXIII.b~g 和连接它们的长城线走的。这段路很泥泞，有些地方几乎难以通行。之所以会出现这种情况，主要是因为 T.XXIII.c、d 以南的一片洼地的水渗透作用。洼地中存积的泉水（即碱泉子）可能是党河（或称敦煌河）的河水从砾石萨依底下流过来补给的。有意思的是，洼地南部和西部边上是一块块结着厚盐壳的地面，其种种面貌都很像我们在古罗布泊底部和其周围遇到的情况，只不过要小得多罢了。

这样，3月21日我们把营地移到了由泉水补给的碱泉子——从罗布来的人称它为肖尔布拉克。在到此之前的2~3英里内，我们穿越的就是大片起伏不平的坚硬盐壳，使人想起在穿过库木库都克以北的干涸罗布泊伸出来的部分时遇到的情景。值得注意的是，在这片盐壳上踩出的路已经碾压得很平了，路面比临近的硬盐壳要低3~4英尺。可以断定，这样低陷的路面是从前的来往车马队长期碾压的结果。现在这条道上偶尔经过的驼队和拾柴者的车辆是断不能产生这种效果的。当楼兰古道在cvi号营地以西穿越干涸罗布泊的水湾时，我们观察到的情况与此十分相似。

我在1907年曾在千佛洞得到一份有趣的地理文章手抄残件（编号为Ch.917）。那篇文章中不仅提到了由泉水补给的碱泉子，还提到了它西北那片已经干涸的盐沼。吉列斯博士曾将这篇手稿译了过来，还同意我参阅了译文。从他的译文中可以看出，这篇文字写于公元886年，是关于敦煌地区和其西边、西北临近地区的地形情况的"官方备忘录"。它在许多方面和《敦煌录》十分吻合，说明其信息是从当地收集来的。

我认为它当中有一段话说的就是碱泉子。在吉列斯先生的译文中，这段文字是这样的：兴湖，"在州西北一百一十里。其水碱苦，唯泉堪食。胡商从玉门关道往还居止，因以为号。《沙洲志》中称：'水是咸的，只有泉水可以喝。'《沙洲志》中还说，湖东西十九里，南北九里，深五尺"。参照该文提到的其他地点，我们可以看出，所谓州（或县治所在）指的就是坐落在敦煌以西约1英里处的带城墙的唐朝古城。从那一点向西北110里，恰好就是碱泉子这个小湖的位置。因为据地图上所标，这段距离是22英里，而1里大约等于0.2英里，有大量证据表明，这种换算法在中亚地区基本上是正确的。

文章中还说，在那一地区，只有兴湖的水是能喝的，而且出入玉门关的胡商途中常在那里歇脚。这些都证实兴湖的确就是指碱泉子。因为，经过玉门关到西边去或从西边来的所有车马队仍一直把碱泉子（或称肖尔布拉克）当作歇脚的地方。《沙洲志》也是对敦煌地区的描述，但年代比《沙洲都督府图经》要早些。要想更好地理解Ch.917中引自《沙洲志》的那段话，我们必须考虑到，Ch.917这个手稿在上述引文之前曾有过这样一段话："西盐池……一百一十七里。俗号沙泉盐者，类马牙，其味美，又红色。"考虑到"西盐池"的方向和兴湖是一样的，只是距离远了7里，因此我认为，它大概就是从长城来的车马道穿过的那片干涸盐沼区，以前曾把那里作为一个产盐的地方。之所以这样说，是因为在我们的手稿Ch.917中，"西盐池"是紧接着"东盐池"出现的。手稿中称，东盐池"自为块片，人就水里漉出曝干，并是颗盐，其味淡于河东盐，印形相似"。《沙洲志》为："盐出水中，为块，人就水漉出曝干，并是颗盐，味淡于河东者。印形相类。"唐代时季节性的洪水很可能会将那里淹没，即便今天，它北边靠近T.XXIII.c、d的地方也时常被水淹没。

《沙洲志》中记载的湖的大小，指的就是这个如今已结上了硬盐壳的地区。"东西十九里，南北九里"，这不可能单单是指水可供饮用的那口泉，因为泉水积成的小湖（或小水塘）是很小的，只有30~40码宽。但《沙洲志》中记载的数据，却与干涸沼泽的大小十分吻合，车马道就是从它西北部2英里的地方穿过来的。我们的分析如果正确的话，将会有一定的地理学价值，因为这会告诉我们，从一片至少一年中部分时间有水的盐沼，变成一个布满硬盐丘的干涸湖盆大约需要多长时间。我们今天在碱泉子西北遇到的就是这样的干涸湖盆。而早在汉代，罗布泊的大部分地方就已经是这样的面貌了，迄今那里依然如此。

在 T.XXIII.a 东—北东方向约2.5英里远的地方，我们发现了烽燧 T.XXIII.b。它坐落在一条约50英尺高的风蚀土岭上。从这里可以分辨出来自 T.XXIII.c 的长城线（T.XXIII.c 是东边离此最近的烽燧），经过侵蚀的墙体就像小土包似的。墙体在土岭北边约120码的地方经过，朝湖岸边延伸而去。它一直延伸到 T.XXIII.b 西北约300码的地方，此后便消失在湖边长满灌木的沼泽中了。T.XXIII.b 也是由常见大小的土坯筑成，底部约16英尺见方，残烽燧仍有13~14英尺高（图64）。在与烽燧相连的小屋中的垃圾堆里发现了一些东西，其中包括：一块编织精美的地毯残件，上面有彩虹般的条纹；一个彩绘木托架，是用来挂器具等用的，很像我们在西边的长城遗址发现的文物。在此我们还发现了一枚边缘已破损的五铢钱，还有一枚木简残件。

在 T.XXIII.b 正东大约1.5英里远的地方，有一块很醒目的高大台地，台地顶上视野十分开阔，T.XXIII.c 就坐落在那里。为了到达那块台地，我们不得不穿过上文说的那片洼地的低洼部分。

由于 T.XXIII.b 以东地面很泥泞，我们走得十分艰难。但走了约0.5英里后，我们又找到了长城墙体（形如一条低矮的小丘），便一直顺着它来到了台地脚下。这块陡峭的台地矗立在周围结着盐壳的地面上，约有400码长，中轴线的走向是从东—北东到西—南西。我们很快就在台地南脚下发现了一个垃圾堆，是芦苇和牲畜粪便。看起来，在那里掉落下来的大土块中，人们曾盖过一间小屋。我们在爬坡的时候发现了大量陶器碎片，说明顶上的那座烽燧很长时间都有人把守。

从图64中可以看出，由芦苇捆和土筑成的长城墙体，沿着台地南坡上来，一直到了台地中部附近一块高约90英尺的平台般的地方，然后又折而向西，绕过了一条比周围地区约高30英尺的陡峭小土丘。烽燧 T.XXIII.c 就坐落在这条土丘顶上，保存得极为完好。烽燧是由一层层夯实的土筑成的，底部有14.5英尺见方。直到15英尺高的地方，烽燧都是完好的，顶上是一层芦苇和一条大胡杨树树枝。烽燧东面有很多踏脚的洞，踏脚洞两侧是一些小洞，那是给往顶上攀登的人提供手抓的地方。烽燧北面连着一间约13英尺见方的小屋，屋墙用土坯筑成，墙厚约1英尺8英寸。朝北的墙仍高达8英尺，朝西的墙则破损得很厉害，朝东的墙几乎已消失了。这充分证明，就是在比周围的沙地和砾石地面高出这么多的地方，盛行的东风的风蚀作用仍很强劲。

在对着烽燧西北角的一点，长城墙体折向西南（这里的墙体也和别处一样是8英尺厚），并来到了一条小丘。那条小丘和烽燧所在的这条小丘几乎一样高，但要陡得多。由于小丘已提供了天然屏障，因而那里的墙体中断了约30英尺。过了这条豁口后的墙体用土坯筑成，墙厚3英尺。这段墙沿着小丘的陡坡向下延伸了27英尺，在我所见到过的长城城墙中，这是唯一一段用土坯筑成的。过了这段之后，墙体又是由芦苇和夯土筑成的，沿着西南坡向下延伸了90英尺。然后，它又向西—北西方向的 T.XXIII.b 延伸而去，这段墙体中的柴捆主要是胡杨树枝，树枝之间是一层层夯土。

在台地顶上由墙围起来的地方里有大量陶器碎片。这充分说明，曾有为数不少的人在这座烽燧驻守了很长时间。西边的那个小丘和烽燧所在的小丘之间有一层垃圾。在那里我捡到了一枚保存完好的汉文木简。后来在这里和烽燧旁边的垃圾中又发现了11枚木简。在发现的零碎小物件中，值得一提的有：涂了漆的木碗残件；一块铁锄头；两枚汉代常见的青铜箭头。

在这里以北约1.5英里的地方，可以望见位于长城线以外的烽燧 T.XXIII.e。它戍守的湖岸被一条布满砾石的岭遮住了，在 T.XXIII.c 是看不见的。地面很泥泞，我们此时无法到那座烽燧去。它的用途和 T.IX.a 类似，T.IX.a 也是位于最西段的长城之外。之所以需要它，是为了更好地保卫这段接近哈喇湖的要冲，而且从地图上看得出，长城线在这里向外折出了一段。之所以折出这样一段，大概是因为人们想要利用视野极为辽阔的 T.XXIII.c。从这个制高点上，向东北可以一直望到疏勒河，它汇集了党河三角洲的各支流后，注入了哈喇湖。向东越过光秃秃的平原，可以一直望到从碱泉子延伸过来的结着盐壳的洼地，洼地与一行行低矮的风蚀雅丹相连。

从 T.XXIII.c 起，形如低矮土丘的长城墙体，向东南方不足1英里远的一块高约100英尺的长台地延伸过去。地面一路都结着盐壳，很泥泞。要不是长城土丘般的墙体提供了一条比较坚实的小道，我们根本过不去。那块台地顶上有一条完全破败的小丘，那就是 T.XXIII.d 烽燧遗址。烽燧周围有不少陶器碎片。其中有几片上了釉的陶器，和我在 T.XXIX 发现的很相似。据大英博物馆的霍布森先生考证，它们有的是唐代的，有的是宋代的。我们在这里还发现了4块瓷器残片（其中3块属于一件器皿），都粗糙地涂成蓝色。这几块瓷器片也说明，此地后来仍有人驻守。并没有什么被人们长期使用的道路经过这里，所以我还无法说出这里长期有人驻守的原因。

在 T.XXIII.d，长城墙体折向东—北东方向。沿这段城墙走了约1英里，我们来到了一条窄窄的孤立土岭（图65）。土岭是东西走向，约100码长。烽燧 T.XXIII.f 就坐落在它的最高处——那里比附近地区约高出35英尺，最宽处只有25英尺。烽燧用土坯筑成，其中还夹杂着胡杨树枝，以使烽燧身更加坚固。烽燧底部约14英尺见方，烽燧高仍有16英尺。土岭顶部再没有别的建筑遗存了。但土岭顶部南端向外伸出了一块由大块土坯筑成的平台，使土岭顶部的面积加宽了。烽燧东侧约6英尺远的地方有一口圆井，直

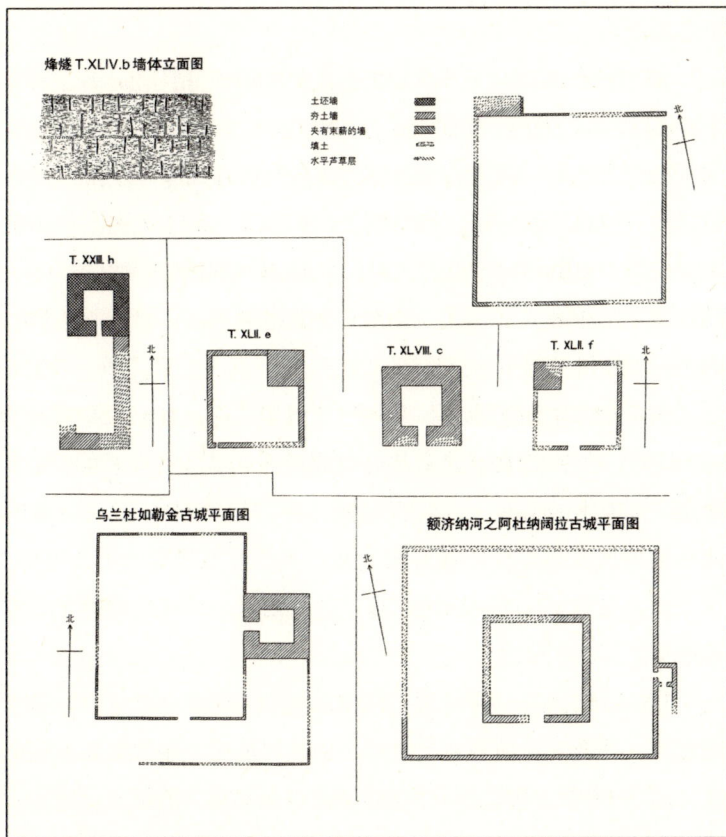

图65　敦煌长城烽燧平面图

径3英尺，打在土中。目前井约16英尺深，但以前井无疑是更深的，一直到达地下水层。此地周围泥泞的地表说明地下水离地面不会太深。

烽燧周围和南坡上有不少垃圾，大多数是芦苇秸秆和木片。清理了垃圾后，我们发现了几枚残破不全的汉文木简，其中 T.XXIII.f.02 提到了敦煌，还有一枚大五铢钱和许多各种各样的零碎东西。其中包括两只用绳子编的鞋，都特别大，大概是人脚上先缠了很多布来保护脚，然后再穿上这样的鞋；一块不同颜色的丝绸破布；一件陶器，后曾被人钻了孔，并在孔中穿了绳子；一件木制器具的两片，大概是搅拌用的；等等。

从 T.XXIII.f 可以看到，长城墙体折向东南，我们顺着墙走了约7英里。在 T.XXIII.g 之前都可以清晰地分辨出墙体中断断续续地露在地面上的柴捆。这里的柴捆用的是胡杨树枝，这充分表明此地的地面状况多少年来变化不大。因为在城墙穿过的洼地中，至今仍生长着大量的胡杨树。过了这段之后，墙体中用的又是芦苇捆了。

T.XXIII.g 离前一座烽燧 T.XXIII.f 不到1英里，是一座烽燧状的建筑，坐落在一块台地的北端。它的厚墙也是用常见的土坯筑成，高约5英尺。厚墙中间围成一间约7英尺见方的屋子，屋子入口在东南角，与 T.XXII.f 一样。城墙是在这座小烽燧以北约20英尺远的地方经过的。在入口附近的垃圾堆里，我只发现了一只绳鞋的残片和一个小粗布包。

再往前走1英里，长城又经过了一块高约15英尺的孤立的土台地，那里曾有过一座烽燧。虽然没什么建筑遗存保留下来，但发现了不少长城烽燧上常见的那种带席纹的陶器碎片。这说明其他长城烽燧有人驻守的时候，这里也是有人把守的。过了这里，在2英里的距离内，长城穿过了一些长满芦苇的洼地，洼地中零星有几座雅丹，有一处还有积成沼泽的泉水。一个在那里放马和羊的年轻汉人告诉我们，这叫月牙湖。在洼地中我们没有发现长城的遗迹。直到洼地消失，让位于长着灌木的平坦草地，墙体才重新出现。T.XXIII.h 就坐落在这片草地附近（图65）。这座烽燧底部约16英尺见方，用常见的土坯筑成，破败的烽燧高约11英尺。烽燧顶有一间8英尺见方的瞭望塔，瞭望塔的入口在南面。在烽燧底下，我们捡到了一块上了釉的厚厚的陶器碎片，和在 T.XXIII.d 发现的差不多。

此后的1英里之内，长城墙体是一条低矮而连续的土丘，清晰可辨。在这段距离内共有三座烽燧，即 T.XXIII.i、j、k。它们的样式都和 T.XXIII.h 差不多，而且也都是只有很少量的垃圾。我们现在走近的部分地区，在汉代时大概曾有敦煌绿洲外缘的居民居住，所以我想，这几座挨得很近的烽燧虽然是为保卫长城而设的，但除了紧急时候，可能并不总有人驻守，因为只需一下令，士兵就可以马上来到这里。当然也可能有其他的解释。不管怎么说，我很遗憾没能对这最后三座烽燧进行彻底清理。3月22日傍晚，当跟在我后面的奈克·夏姆苏丁的挖掘队到达此地时，天色已经太晚了。第二天早晨我又带着骆驼和行李来到了长城线上（在T.XXIII.1那里）。我无法知道前面在哪里能找到水并可以扎营，所以我们只好顺着长城走，已经没法抽出时间再回到那几座烽燧去了。

T.XXIII.1 也是一座土坯筑成的烽燧，大小和样式都和前面说的那几个一样。但我们发现它的瞭望塔 i 中塞着约4英尺高的垃圾。这座瞭望塔有6英尺见方，离地面高约5英尺，南边有个窄入口（图66）。在垃圾堆的芦苇秸秆、木片、碎土坯等杂物之中，我们发现了20多枚汉文木简（大多数保存得很好），还有不少空白木简，那显然是当作文具用的。很可能当这间小屋一直被用作"秘书办公室"时，人们就任由垃圾在那里堆积了，因为我们在西墙附近发现了一层层的灰烬和烧红的土坯，表明人们曾在那里生过火。[在有字木简中，既有私人信件（T.XXIII.1.2、21、23、08），也有一件文学作品残章（T.XXIII.1.i.7）。T.XXIII.1.i.3 比较有价值，因为它下达了这样的命令：士兵驾车出去巡逻时，车上应该放烽火。T.XXIII.1.i.8、12中，分别提到了"威胡"燧和"止寇"燧的名字。"威胡"燧的名字还出现在 T.XXIII.1.i.18中，这枚木简很有趣，它提到某一天，"威胡"燧的巡逻兵遇到了来自"玄武"燧（位于"威胡"燧以西）的巡逻兵。这块木板曾被分成两半，每半边都刻了些同样的缺口，作为符木。这种文书叫作券，即一种最初写在木板上的文书，木板分成两块，当事人各执一半。]

标志着长城墙体的那条土丘是在烽燧北面呈半圆形绕过去的。

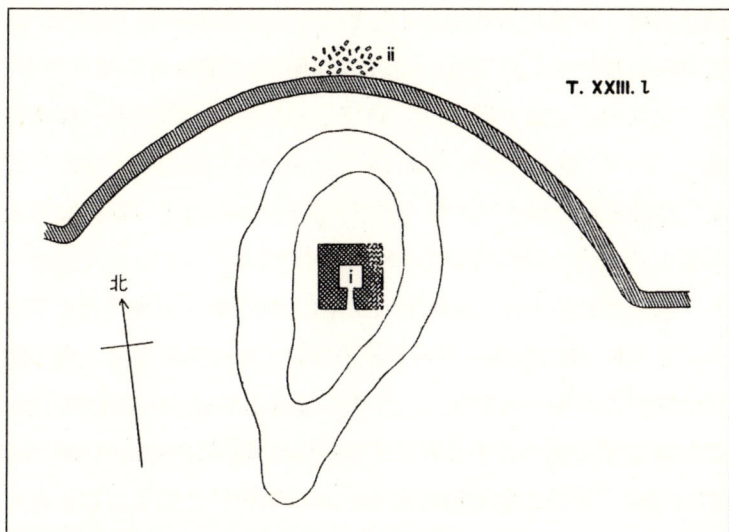

图66　烽燧 T.XXIII.I 平面图

在巡查周围地面时，我们在土丘外边发现了一个小垃圾堆（ⅱ）。从那里只有几英寸厚的砾石之下出土了30多枚木简，不幸的是由于潮湿，大多数木简上的字已完全消失了。它们是在某次清理"废纸"时被一股脑扔出来的，我们1907年在T.VI.b、T.XV.a等处发现的数量远多于此的成打木简也属于这种情况。它们腐坏的状况似乎表明，虽然长城西段的空气和土壤一般都是极为干燥的，但这里没有那样的有利条件。[在仍可识读出一部分文字的木简中，有一枚提到了"破卢"（应为"破房"——译者）燧，另一枚则提及了"田和"燧（又释作"沙上燧"——译者）和"宜禾"燧。"宜禾"燧的名称还出现在沙畹《文书》中的第637号中，那件文书是在敦煌以北的一座长城烽燧 T.XXVIII 发现的。]

隔了0.75英里就是长城上的 T.XXIII.m 烽燧，从那里再走0.75英里是 T.XXIII.n 烽燧。这段长城墙体仍大致是东南走向，但每座烽燧的位置不在一条直线上。自从 T.XXIII.h 往前，一直是如此的。之所以这样安排，大概是为了更容易把相邻烽燧的烽火区别开来。T.XXIII.m、n 都已完全坍塌成小丘。过了它们之后是长着茂密芦苇丛的沼泽地，长城墙体在那里便消失了。

烽燧 T.XXIII.o 却保存得很好，它坐落在一条低岭的末端，土坯筑成的烽燧高达15英尺，仍可以给人们指引方向。在清理烽燧附近的垃圾时，我们发现了两块写着汉字的木板以及一些零碎东西，其中包括一块上过漆的碗的残片。过了这座烽燧向东，又可以分辨出长城墙体了，我们在砾石地面上将其一直追踪到了 T.XXIII.s。在这段距离内有几座间隔0.75~1英里的烽燧，其中 T.XXIII.p、r 均已成了低矮的小土丘，T.XXIII.q 仍约有12英尺高，T.XXIII.s 则约有17英尺高。它们都是由常见的土坯夹杂着芦苇筑成的，q 是每两层土坯夹一层芦苇，s 是每五层土坯夹一层芦苇。我们在这些烽燧附近松软的土壤上没有发现任何垃圾。

　　在东—南东方向，可以望见一座醒目的烽燧 T.XXIII.t，于是我们就朝它前进。过了约1.5英里后，我们发现骆驼走得越来越艰难，因为地面泥泞的土壤上盖着松软的肖尔。在离目标约0.5英里远的时候，一道从南边流过来的水阻住了我们的去路。于是我们不得不折向南边。接下去2英里的路程十分艰难，骆驼在泥泞中挣扎前行。最后，我们总算踏上一条向南延伸的低矮土岭的结实地面，大家都十分高兴。从岭上往东望，除 T.XXIII.t 外，看不到远处还有什么烽燧。而远方看到的树木和农舍就是敦煌绿洲的最北部边缘了。

　　在如今这个河水泛滥的时节，我们要想穿过东边的地面显然是不可能的，因为敦煌的水渠末端的水是可以溢到那里的。南面可以望见两个炮台，我于是决定朝那个方向走。天黑后大家宿了营。3月24日早晨，我们顺着一行低矮的土岭（土岭两边是沼泽）继续朝那里走，并来到了前一天傍晚看见的两座塔中较大的一座。它很古老，但与长城上的烽燧截然不同。后来我得知，当地人把它叫作盐池墩。这座塔底部有29英尺见方（图66），是用浸着盐的土和砾石筑成的，每隔8英寸的土和砾石就出现一薄层芦苇，起加固作用。围着塔的是一个长方形的院落，院墙朽坏得极为厉害。这些都表明，这座烽燧是人们的藏身之处。在甘肃西部偏远的居民区常有这种建筑，因为这些地区在历史上，一直到当地发生最后一次叛乱之前，都常常受到劫掠和侵扰。烽燧侧面已出现了大豁口，说明它不会是近期之物。但不论建于何时，它都不曾与汉

图67　敦煌绿洲西缘的农田

长城连接起来过。长城极有可能是从 T.XXIII.t 继续向东延伸，一直到废城石板墩附近，并在那里同我1907年在敦煌绿洲东北部一直追踪到 T.XXX 的那段长城连了起来。

　　东边那座烽燧要小得多，显然是近期筑成的。此后我们便向东南走，那里有一座窄窄的砾石高原，能让我们轻松地走上一段路。高原两侧都是低洼的沼泽，沼泽中有一汪汪的水，水是泉水补给的，而泉水是从党河以西的灌溉区流过来的地下水。越过这些洼地可以看到零星几间房子，都已无人居住。当地叛乱给甘肃边区带来了毁灭性的灾难，这些房子就是令人痛心的见证。

一路上被水淹过的地面一次次阻挡了去路，我们只好一次次绕远。之后，我们来到了一片宽阔的砾石萨依，绕过萨依边上，总算到达了敦煌垦殖区。在沙漠中艰难跋涉了两个月后，我们又看到了敦煌绿洲。它耕耘平整的田地，成行高大的榆树（图67），安然隐蔽在高墙之后的那些昏昏欲睡似的小村庄，这些景象是那么熟悉，而且像以前一样使我们精神为之一振。扎西德伯克和我在当地的几个熟人骑马出来迎接我，把我们接到了1907年的那个旧基地。于是，当天傍晚我们就在敦煌城东门外宁静的郊区安了营，离那个大庙不远，1907年6月帮了我不少忙的中国官员朋友们就是在那里同我最后告别的。

第二节　重访敦煌和千佛洞

在沙漠中度过了艰苦的两个月后，人畜都特别需要休息，再加上我要为计划中的考察做各项准备（这也可能是更重要的原因），因此我们在敦煌县休整了8天。我计划在以后的几个月里，主要考察北山戈壁那个广大的荒芜山区南边和东边的沙漠地带。要走

图68　敦煌城南门

的路程很远，而且所剩的时间已经不多了。那些地区大部分是没有水的，所以只能在炎炎盛夏来临之前才能有效地进行考察活动。于是我更急于马上安排好钱款、向导和要补充的物资等事宜。

　　我上次来过之后，中国发生了革命，共和国政体取代了清王朝。但看起来，敦煌这个宁静安详的中国西部重镇的生活并没有

图69 敦煌城东门旁的牌坊

发生多少变化。我从前工作过的这一地区的那种懒散的生活方式是很难改变的（图68、69）。但熟悉的县衙门里却换了人，我很快就感受到了这前后两个人的不同。以前的县官是我的老朋友——博学的王大老爷，他对我的工作充满学者般的兴趣，在当地条件和有限资源允许的情况下还很乐于帮忙。取代他的则是一个"少年中国"的代表，不仅懒散，而且还抽鸦片，对自己国家的历史也毫无兴趣。他穿了一套很不像样的欧式服装，以此来假装对"西方学术"很尊敬。但应该感谢上天的是，敦煌现任的军事长官是个好人。我1907年交下的好朋友、结实而充满活力的林大人已经不在那里了，不能再给我热心的帮助了。他终于获得了期待已久的高升——却是升到天堂去了。但幸运的是，接替他位置的商大人也是一个很和蔼的武官。1907年当我第一次踏入万里长城之内时，他就像真正的嘉峪关守备似的热情欢迎我。这次在他的帮助下，我终于为考察员们的小分队另外弄到了向导和骆驼，我是希望把这些小分队单独派出去的。

这时当我真正踏上中国土地的时候，我比以往任何时候都更加强烈地感受到，除了在纯粹的文书工作方面，我现在这个身材瘦弱、没精打采的"文人"秘书——可怜的李师爷，比起那个忠诚而性格热切的蒋师爷来是何等逊色。在衙门的私人事务中以及所有与商人、劳力、向导等各色人等打交道的过程中，我都十分想念前一次旅行中的那个无与伦比的中国助手。没有了他，我只得亲自处理所有金钱方面的琐碎而复杂的问题——你会觉得奇怪，这里的付款方式仍是那种称银子的古老办法，还得把从新疆带来的成分很不纯的阿克天罡（新疆制式银圆——译者）熔铸成银条。这不仅意味着浪费了很多时间，对我的忍耐力也是严峻的考验。

相比起来，和我们在米兰雇的那些骆驼的主人及阿布都热依木结账就容易些了。有了租来的骆驼，我们自己的骆驼才没有遭到损失，而且仍能再走下去。而在罗布沙漠进行的考察中，阿布都热依木那些极好的骆驼是我们的顶梁柱。他们这些人将很快动身，沿山道返乡。但在他们走之前，我让阿布都热依木这位强悍而永远乐观的猎手告诉我，他知道的关于库鲁克塔格地区的一切信息，下一个冬天，我打算把考察工作扩展到那里。阿布都热依木不仅事先告诉了我们信息，还一口答应随时可以帮忙。我给拉尔·辛格指定的考察计划后来之所以能顺利完成，可以说他是作了很大贡献的。

但在敦煌停留的那些天里，最占据我脑海的是绿洲东南那个著名的千佛洞石窟以及那个封闭的石室。1907年我有幸从封闭于石室中的公元11世纪大批文物中取得了为数极多的古代手稿和绘画。我清楚现在是别想再得到那么多宝藏了。但令我真心高兴的是，到敦煌的第一个早晨，最早来拜访我的人竟是那个瘦小古怪的王道士。就是出于他虔诚的热情，石室才第一次被人们发现。由于他的谨慎小心，这些财富才得以供研究者使用，对此我十分感激。双方重新交往之后，我欣慰地获悉，我们之间曾进行过的小小交易，尽管不可能长期不为人知，却一点也没有损害这位好心的道士与敦煌的信徒们之间的关系。

1907年，王道士出于疑惧之心，不肯把一部分宝藏交给我，并进而交付给遥远的大英帝国的什么搞学问的博物馆看管。我在《西域考古图记》中已经指出了这部分宝藏的命运如何。在我本人去过后一年，伯希和教授设法看到并且查验了石室藏品中剩下的部分。凭着他渊博的汉学知识，他从丰富的手稿中精选了不少，并经由北平将其带走了。这引起了都城北平的中国当局对这个古老图书馆的注意，于是下令把宝藏运往北平。这个命令执行得十分粗心，实际上几乎是毁灭性的。对此我在喀什噶尔与和田就已略知一二，因为在那些地方，有一些是出自千佛洞的零散的佛教经卷，辗转落到了一些中国官员的手里，有几次他们还把经卷拿出来给马继业先生和别的人看过。在敦煌，没过多久，就有一个我不认识的汉族朝香客，拿着好大一摞手抄卷子找到了我，想急于脱手。这些卷子也是出自千佛洞石室。他只收到了一点钱，便急着回去再拿更多的卷子来。由此判断，这种东西在当地市场上并不是稀罕物。

王道士愤慨地向我讲述道（他的愤慨之情是很有道理的），经兰州府转发的命令到了之后，他精心看护的石室中的手稿，被粗枝大叶地打成包裹，装上了6辆车运往敦煌县衙门。他声称中央政府给他的庙拨了很大一笔钱作为补偿，但钱款早被层层衙门中那些缺钱花的人侵占挪用了，他自己根本没见到一两银子。车从敦煌衙门出发之前耽搁了一段时间，当地人抓住这个方便的机会，在这些古老经卷离开本地之前，纷纷无偿地为自己攫取"纪念品"。我后来在肃州（今甘肃酒泉——译者）和甘州（今甘肃张掖——译者）又通过购买抢救了一些千佛洞卷子。它们表明，在防范松懈的押运车缓缓地向遥远的北平去的路上，偷盗的情况也时有发生。不少卷子被带到了新疆，而且一路上在不同的衙门都有人拿卷子给我看，我还曾从地位卑微的汉族雇工手里买到过。由此很容易想见，流失的卷子有多么多。

因此，我更有理由感到庆幸了，因为王道士不仅热忱地邀请我去千佛洞，而且在后来一次来访的时候，还谨慎地向我传达了这样一个暗示：尽管发生了那么多事情，他的古代手稿并没有被拿光。我敢肯定，我要是去千佛洞，他不仅会向我展示那个大新佛龛和客房等建筑（他自豪地称，这些都是他用我施舍的马蹄银建的），而且会亲自向我展示他从官方手下救下来的东西。官方的干涉本意是好的，但实在是执行得太失败了。

我尽量按时完成对未来考察的准备工作。在此期间，我抽空又去了月牙泉那个闻名遐迩的圣地一次。那个美丽的小湖是由泉水补给的，奇异地隐藏在绿洲南边的高大沙丘之中。它是大自然的一个奇观。敦煌当地人把它和俯瞰着它的鸣沙山看成是一个应该朝拜的圣地。公元938年穿过敦煌去往和田的中国使团就已连篇累牍地说到了这个地方，约350年之后的马可·波罗也提到了它。关于古代和现代其他提到这里的文字以及与鸣沙山类似的自然现象（"鸣沙"使这里在中国远近闻名），在此我只提一下亨利·尤尔爵士和科尔迪耶教授，对马可·波罗写"唐古特省"的那一章所做的笔记，以及寇松勋爵最近的著作。在提到此地的汉文资料中，还应该加上《敦煌录》。这是我从千佛洞石室中获得的唐朝末年的一篇文章，吉列斯博士把它翻译了过来。[1]

在此我无法深入讨论流沙堆积起来的这些巨大沙丘有什么有趣的自然特征。在党河河口和千佛洞谷地之间，南山最外端的分支伸进了绿洲之中，这些分支上布满了这样的沙丘。沙丘有几百英尺高（图70、71、72）。在此我简单提一下，人们应该注意到，沙丘的位置和疏勒河下游谷地中的盛行风向之间，有着直接的联系。我曾反复说过，盛行风主要是从东边和东北吹来。这种风很可能是由空气的对流引起的。对流作用把来自北山高原和北山与南山之间高地上较冷的空气，推送到塔里木盆地地势最低的部分，在那里春夏两季空气升温很快。

党河以及它东边的众多河滩从南山光秃秃的北坡携带下来很多沉积物，风吹在这些厚重的沉积物上，这就是敦煌绿洲以南辽阔的小山上布满了高大沙丘的原因。但有可能，风蚀作用也在不停地往这些沙山上添加着细粉尘。我的观察已经充分证明，整个

1　这篇记载敦煌地区逸闻趣事的作品对鸣沙山的描述很准确，可见作者对当地是很熟悉的。

《敦煌录》中提到了一个没有被沙子盖起来的神秘的洞，指的是月牙泉所在的高沙山之间的那个奇怪的洞。该文还说绿洲以南有一个全被高大的流沙丘覆盖起来的地区，我们的考察证实了这个记载是正确的。

遗憾的是，我在敦煌停留期间，没能证实一下每年在月牙泉举行的节日庆祝究竟是在哪一天。但我记得，它是在六月的第一周左右，与《敦煌录》中说的端午节（五月五日的龙舟节）是一致的。根据《敦煌录》记载，在这一天城中的男女老少都爬上鸣沙山的几个最高处，然后成群地滑下来，使沙子发出雷鸣般的声音。

图70　敦煌城南边连绵的沙丘

疏勒河下游谷地，尤其是安西以下，都有风蚀作用存在。从地图中我们可以看出，敦煌河河道深陷，河水常年由冰雪补给，水量很大。这条河阻挡了流沙，使其无法向西扩展。但在南湖绿洲西边又有一条堆积在山脚下的巨大沙丘链，也是由同样的风吹成的。它沿山脚延伸，一直到能俯瞰疏勒河尾闾的一个地方。再往西我

图71　圣湖月牙泉、寺庙和鸣沙山

们可以分辨出堆在山脚的沙丘地貌仍在继续，那就是拜什托格拉克谷地南侧的高大沙丘。过了谷地后，它与库木塔格的大沙丘连在了一起。在吐鲁番盆地中我们也发现了极为相似的例子，那就是南山西端的外缘小山脚下堆积的高大沙丘，但那里沙丘的规模要小得多。

　　我找好了向导和更多的骆驼，以便拉尔·辛格和穆罕默德·亚

图72　敦煌附近月牙泉的外围寺院

库卜能分别沿山里和疏勒河河道进行考察，然后再同我在安西会合。做好这些工作后，我于4月2日离开敦煌城到千佛洞去。凛冽的东北风一路伴随着我们。所以当我看到千佛洞那个圣地仍像冬天一样荒凉时，我并没有感到吃惊。浅渠上结着冰。在这条沙漠谷地的谷口处，渠中的小溪流消失在宽阔的砾石河床上。灰蒙蒙的空气里飞满了尘沙，那砾岩山崖和两侧的沙坡更加显得极度荒芜。

王道士热情地欢迎了我，并带着真心的自豪之情，引我参观了我7年前离开这个圣地后他出于虔诚之心修的各种新建筑。在发现了大批手稿和绘画的那个洞窟对面，现在建起了一座宽敞的客舍，还有一组佛龛，龛中放着俗丽花哨的彩绘大泥塑像。附近是一个很平整的花园，其中有小果树、成行的马厩、砖窑等。这些都表明，这个瘦小的道士一心想着能按照他的想法，使这个古老圣地恢复它的光辉和它对大众的吸引力。他告诉我，新客舍主要是用我1907年捐的银两修建的——当时我带走了所选取的东西，就是用这些银两作交换的。但实际上，我当时给他的马蹄银数量并不多，他现在赞扬我的话似乎有夸大其辞的成分。但这暗示着，他希望我再一次在交易的基础上施舍银两，这个暗示对我是很有利的。王道士保存着一本记录施舍情况的精致的红色账簿，他急切地把这本账簿拿给我看。我可以肯定，我以前历次捐的款项都如实记在那上面了。

我回到这个地点的第二天就得到了令人欣慰的证据：王道士曾在敦煌向我暗示，他所藏的古代手稿并没有全被拿光，他的确是言之有据。第一天我重访了大部分较大的石窟以及它们精美的壁画和泥塑。我已答应王道士去拜访他，第二天我就去了。他现在的储藏室（以前就是他的住处）是一个凿在岩石中的佛龛。在那里他取出了两个大箱子，箱子里塞满了保存得很好的手稿卷子。我迅速翻阅了几份卷子。它们的字体看起来都比较工整，纸张也很好，看起来属于那些浩如烟海的宗教典籍，大多数是唐朝以来的佛教典籍。1907年，王道士之所以最不愿意把这些东西交给我，一半也是出于宗教上的顾虑。

毫无疑问的是，所有这些工整的经卷都曾经过伯希和教授之手。我上次走后一年，伯希和教授这个专家把大宝库中剩下的所有东西都迅速查阅了一遍。他精选出来的东西大体上是所翻阅的手稿包裹的三分之一。可以肯定的是，他把能找到的所有非汉文的卷子，还有那些一眼就能看出其特别价值的汉文卷子都拿走了。所以，我并不指望王道士煞费苦心留到最后的这些卷子中会有什么价值特别大的。不管怎样，我似乎仍应尽力，把王道士手中的所有汉文手稿都弄过来，以免他保护不周，将来再造成丢失和流散，并使它们能供西方学术界将来研究。

不出所料，为此目的进行的谈判是漫长而令人心烦的。我上次来过之后，王道士在一次次交易中已获得了经验，已不再有宗教上的顾虑和对其他世俗问题的疑惧了（他上次就是因为这些顾虑而十分难缠）。但从另一方面来讲，此后的来访者付给他的钱款唤醒了他精明的商业头脑，使他更深切地意识到自己手中所持之物的市场价值。因此，他最初给每本卷子开出的价格似乎太高了，大约是1907年10月蒋师爷拿走的那么多东西的单价的四倍。现在他想出手的这些卷子几乎都很大，而且保存特别好，这无疑也极大地影响了他的开价。

要想让这个无知的王道士意识到，卷子的学术价值并不是由它们的块头和保存状况决定的，得需要蒋师爷那样机敏而又很有策略的人才行。尽管现任的这位没精打采的接替者并不能在这些事情上给我什么实际帮助，我最终还是设法和王道士达成了一个双方都能满意的协议。我应该交出500两银子，而他应该把他收着的全部570份卷子都交给我。这些卷子装了五个箱子才运走，每匹马只能驮一个箱子。由此可以想见卷子的数量有多大。

1920年，在吉列斯博士的负责下，这些卷子连同我在第三次考察中所获的其他手稿资料，都被送到了大英博物馆一个安全的临时保存处。我这位博学的汉学家同行最初将手稿迅速翻阅了一遍后，证实了我的想法：大多数卷子的确是汉文佛教典籍。我1907年从千佛洞石室拿走了数以千计的汉文手稿，吉列斯博士正在给它们编目，这个漫长的工作他已经干了好几年。只能等他做完这项工作后，我才能仔细看看这次拿来的卷子。根据他向我提供的信息，新获的卷子中有的很古老，是公元5—6世纪的。

王道士储藏室中的两大箱子手稿是不是他保存下来的全部东西呢？这一点是很可怀疑的。但可以肯定的是，我上次走后，伯希和教授和橘瑞超先生相继来访以及有点学问的中国古董商们的探问，都使王道士认识到，千佛洞石窟在考古学上的名气正在向外传播。这使他对那里的其他"旧东西"也注意起来。有一件事可以证明这一点。王道士这位自封的千佛洞监护人，把一些看起来很古老的泥浮雕版弄了下来，拿到了储藏室中，想以此来讨好将来某个来自远方的拜访者。当他把我交换"库藏"手稿的钱款郑重登在了账簿上之后，为了表示他的热情，他把这些大小不一的浮雕版拿了出来。关于它们究竟出自何处，我不得而知。王道士说，他是在我上次走后做清扫工作时，在一个石窟的沙子中发现这些浮雕的。但我认为他更有可能是从一些装饰性的泥中楣上把它们抠下来的，我记得，千佛洞中部最顶上那一排中有个大石窟，那里就有泥中楣。

在这些浮雕版中，有一类雕的是禅定佛。雕得很粗糙，敷彩的风格也是模式化的，千佛洞许多石窟墙上的装饰性菱形花纹就是用这种风格涂的颜色。其他浮雕有一个共同点，那就是雕的都是位于三瓣状拱中的人物，但大小和题材有所不同。这些浮雕中肯定用了模子，而着色的细节部分则不同。从人物的整体风格看，似乎是唐以后的作品。

还有几组小浮雕大概也是唐以后的。它们呈圆形或梨形，只有约2英寸宽。材料是未烧过的黏土，是用模子做出来的。雕的是施定印的佛，身边或身后是佛塔。这几件小浮雕上都出现了婆罗米文字。从类型上看，它们很像安西上游万佛峡石窟中的大量浮雕。从形状看，它们是作为捐献来的还愿品被保存下来的。我讲到麻扎塔格的佛寺时，曾提过这类东西。

做过这些交易后，在我回到长城线之前还有一点时间，我就重新拜访了千佛洞数以百计的石窟中最著名的那几个。令我欣慰的是，我知道伯希和教授在千佛洞停留的几个月里，不仅在现场做了专门研究，还在一个训练有素的职业助手的帮助下，拍下了一组完整的照片，这才算得上不负那里具有极大艺术价值和考古学价值的精美壁画和雕塑。我已得知他们这些详尽的资料即将出版，而且由于时间限制我的考察十分仓促，因此我只是尽量看一看我第一次看过石窟壁画后写下的简单笔记有什么需要补充的地方。

在《西域考古图记》中，我已经记录了这些后来补充的要点，所以在这里我只简单说一下。粗粗看过之后，我发现石窟的基本状况发生了不少变化。主石窟群的北端是王道士的修复活动最频繁的地方。很多墙被新粉刷过了，盖住了原来的古老壁画，还出现了大量难看的新泥塑，说明王道士虔诚的修复活动进展得很快。石窟群中部的情况则没有这样令人沮丧。他做了不少工作来清扫通往最底下一层石窟内厅的通道。先前由于堆积了流沙，加上外面的地面在逐渐抬升，通道被堵住了不少。而且，以前人们要想到上面一层那约50个石窟去，只能通过岌岌可危的木梯子，或是更不稳当的走廊。现在他在每两个石窟间的石墙上直接开凿了通道，这样到石窟去就容易多了。但这个办法虽然简单，却是毁灭性的。在开凿通道的过程中，位于通道两端的壁画都被无情地毁掉了。

但有几个地方的迹象表明，还有一种危险威胁着窟中的壁画，因为不时有人想把壁画上那些最引人注意的细节部分刮下来。那肯定是某个参观者出于收集古物的热情干的。好在他没弄多久就放弃了，因而也没有引起当地想弄到古物卖的人的效仿。石墙上的砾岩是十分坚硬的，还凹凸不平，所以要把画在灰泥上的壁画完整地弄下来，比弄塔里木盆地或吐鲁番遗址的壁画要难得多。在塔里木盆地或吐鲁番，壁画后面的厚泥是涂在平滑的土坯墙、篱笆墙或天然土上的，只要细心并有技巧，壁画是可以同墙面分离而不致遭受太严重的损害的。所以我们可以指望，千佛洞壁画将会比吐鲁番和库车地区石窟中的壁画命运要好些，不会遭到缺乏经验的人的破坏——不管他们是业余文物爱好者还是想牟取暴利的当地人。

我曾亲身体验过，要对付绘着画的灰泥背后的砾岩是多大的一个难题。主石窟群最北端有一个不足9英尺见方的小内厅（我将其编为 Ch.II.a 号），那里墙上的壁画十分精美。那些壁画用壁画技法绘成，风格和工艺都与我在千佛洞看到的其他墙上的画明显不同。出于种种原因，我认为应该从这件作品中弄点样品下来，以供专家研究。通往内厅的窄通道两侧，有用同样画法画成的单幅小画面，由于其位置靠近外边，已经遭受了损坏，它们似乎正合我的意。但想把它们弄下来却十分困难。灰泥中含有不少石灰，很薄，特别硬，紧紧地贴在后面的砾石墙面上。尽管我们已十分小心，但在把它们弄下来的过程中，仍难免在画面上造成了不少破损之处。但破裂之处在灰泥片上留下了清晰的缝，所以我还是抱了一线希望：但愿经安德鲁斯先生那双训练有素的手修复后，人们从这些小画面中，能看出内厅本身保存完好的精美壁画中那自由流畅的构图和细腻的线条。

我此次重新朝拜千佛洞这个圣地，获得了这么多具有文物价值和艺术价值的东西。我还要简单提一下，约6个月后，当远在吐鲁番时，我从奥登堡先生那里得知，他带着一批训练有素的艺术家和技师来到了千佛洞。他的目的是在俄国——当时还是帝国——科学院的赞助下，对石窟中的绘画和雕塑进行全面的研究并拍照。这个消息使我十分高兴。在这位杰出学者的负责之下，取得的资料对所有研究中国艺术和佛教造像的人来讲，都必定具有极高的价值。但愿他们的资料能尽快出版。

第三节　沿汉长城去安西

4月8日，和王道士道别后，我离开了千佛洞。在这之前四天，我已经让拉尔·辛格向西南沿着高山坡往上走，并命他如果可能的话，一直走到那条峡谷——敦煌河就是经那条峡谷流到南山那个巨大的砾石缓坡去的。然后他将穿过南山的外围山脉进行考察，一直到踏实河，之后同我在安西会合。我还派穆罕默德·亚库卜从敦煌出发，顺着党河进行考察，一直到党河汇入疏勒河的地方。然后他将沿疏勒河北岸到安西去，在那里同我会合。我已做出安排，雇人把多余的行李沿大道运往安西（我在1907年已考察过那里），我本人则穿过沙漠向东北去。

我的目标是到达古长城上烽燧 T.XXXV 以东的一点，1907年

3月我们就是把汉朝边界的城墙追踪到那一点的，然后沿长城到安西去。安西这个小城是到新疆去的中国大路在南边的桥头堡。我自己将走的路线位于北边的疏勒河河道和南边的敦煌—安西道之间，这片地区迄今还从来没人考察过。我们在敦煌停留期间询问别人时，也并未得到关于这一地区的任何信息。

动身的那一天，我们从千佛洞所在的山谷谷口出发，走过了一块荒凉的砾石冲积扇，来到了孤寂的路边小站疙瘩泉子附近，那里的地下径流流出地表，形成了沼泽。第二天早晨，我们将两个水桶都灌满了水，然后就向东北进发了。我们的目的是最终到达布满沙丘的那一地区附近的长城，和7年前我们就是在那里失去了长城的踪迹的。我们先是走在一条很缓的砾石萨依的斜坡上，然后又走在红柳丛和芦苇丛之间。在这约7英里长的距离内，走得比较容易。后来，我们遇到的结着盐壳的地方变得越来越宽了。很快骆驼已没法从泥泞的地面上过去了，它们远远地落在了我们这些骑马的人的后面。

为了绕过这段险恶的地面，我们只好改成更朝东的方向。又过了约3英里后，我们不得不开始穿过一条又一条结着盐壳的浅沟。它们都是从东南延伸过来的。在上一次的考察中，我们曾在路边废烽燧空心墩附近发现一条水泛滥而成的干涸河床，这些沟是那条河床的分支。穿过了这条流域带后，令人欢欣鼓舞的是，在东北的远方已经可以看见一些沙丘，所以我决定重新朝最开始的方向走。但我们很快就遇到了新的困难。我们最初穿过的大片暗色的松软肖尔，对骆驼来讲非常糟糕，这种地面踩起来很软，遮住了底下真正的沼泽。之所以这样说，是因为我们走过的地方都有水流出来。更糟的是，我们还时不时遇到一条条结着发黄盐壳的地面，人和马走上去都有被陷住的危险，骆驼则根本过不去。我们只好绕老远来避开这些险恶的黄色窄条带。即便如此，骆驼还是一次次被陷住，我们不得不把它们驮的东西卸下来，并铺下毡子让它们有安全踏脚的地方，这才把它们救出来。

就这样又往前艰难跋涉了3英里。这时一条连续的新月形的沙丘带终于出现在我们的视野之内。沙丘带离我们的直线距离看起来还没有1.5英里远，但中间隔着的地面却是我们遇到的最糟糕的，很有可能得在这里一直挣扎到天黑。我们尽量顺着曲曲折折的暗色肖尔走（这种地方经常只有2英尺宽），并尽量避开流着水的黄色沼泽（沼泽边上是硬盐块），总算离沙丘边上越来越近了，只有到了那里我们才算是安全了。哈桑阿洪，这位一直为我负责骆驼的久经考验的人，凭着他令人叹服的经验和才智，带着他负责的骆驼，沿我们在前面探出来的曲曲折折的道路一直走了下来。但就是这位强悍的老手后来也承认，他可不希望今后再有一次这样的经历了。最后，我们快速穿过了一块湿沙地，来到了晚上能安全宿营的地方，这时候天已经变黑了。

我之所以比较详细地描述这一天的经历，是因为我们穿越的那块地面在地理学上有一些值得注意的地方。这片盐沼大概向西北延伸了很远。我很清楚地看出来，它的存在是因为从南边的南山最外缘的小山流过来的地下水。1907年6月，我们在敦煌和安西之间经过了一些从南山泛滥到疏勒河河道中的水形成的河床，当时那些河床都是干涸的。但那一年几个星期之后，根据我在踏实和桥子那里的宽阔横谷观察到一些现象，我可以肯定，南面的高山中，有大量地下水流到了外缘的小山脉脚下。

在疏勒河河谷南边，这些到了地表的地下水大概大部分在炎热的夏季蒸发掉了。在安西和敦煌冲积扇的东北端之间，有一条布满砾石的较高的地面（安西和敦煌这两片绿洲之间的长城大部分都是沿着这条地面伸展的），似乎使水无法流到疏勒河里去。这样，当沼泽出现季节性干涸时，地表必然发生盐结壳现象。在严冬时节（这里的冬天长达四个月），沼泽土壤中存积的水，一直到地面以下很深，都冻了起来。而在秋冬两季，沼泽可能看起来就像一片结着盐壳的干涸洼地。春天到来时，冻土开始融化，地表又重新变成了几乎无法通行的沼泽，我们在上述行程中遇到的地面正是这样的。

从在这里观察到的这个规模较小的过程中，我们可以得到一些启发，由此可以猜测：曾覆盖着古代罗布泊湖床底部的那片辽阔的盐沼，经过了怎样几个阶段，才到了现在这种完全干涸的状态。本地区和罗布盆地相邻，在气候方面也相似，所以这种对照就更有特别的价值。另一方面，在敦煌长城沿线我们发现了很多考古学证据，表明如今这里的气候状况与两千年以前并没有太大的差别。根据这个时间上的启发，我们大概能得出这样的结论：

罗布沙漠地区的盐沼最后开始干涸，是比两千年前还要久远的事了。

4月10日，我们又走了很长的路，一路上并不是很顺利。为了马的安全，我们必须立即找到水源——虽然我们的桶中还有一半水，足够给人饮用的了（我们的人中还包括从敦煌带来的一小组挖掘工人）。从 cxxiii 号营地出发后，向着既定方向走的前3英里还很容易，因为我们顺着低沙丘走，就能绕开遇到的那一块块松软的肖尔。但此后几片沼泽洼地阻挡了骆驼的去路，第一片洼地中有小咸水塘，第二片洼地里是向西流的咸水。我们只好向东边绕远。第二片洼地的南部边缘有一行行红柳沙堆，有些地方还有成行的胡杨树。这些都表明它是一条古河床。这条河床可能和北边的洼地是连在一起的，或者是与注入芦草沟沼泽的那条大河床是相连的。

在离营地约8.5英里的地方，洼地中有不少结着盐壳的小干沟。穿过这些干沟之后，路上已没什么障碍，我们又可以向北直着走了。那片地面上微微结着层盐壳，长着茂密的芦苇，有些地方还有低沙丘和红柳沙堆。在离营地约14英里的地方，我们穿过了一条轮廓清楚的约50码宽的古河床，河床两侧是成行活着的胡杨树。这时我们可以看到一块块开阔的萨依，一行行10~12英尺高的沙丘将萨依隔开。

又往前走了2英里后，我们登上了最后一座低沙山的顶上，可以看到前面是一座散落着一些小石子的光秃秃的平原。这座平原的样子使我清楚地想起了1907年沿 T.XXXI~XXXV 那段长城线看到的萨依。从地图上看，我们现在的位置离向东延伸的长城线不会太远了。在这个定向点上，我们花了好长时间等骆驼赶上来。这期间我用望远镜在地平线上搜寻，希望能发现什么烽燧遗址，从而可以找到长城线，却一无所获。但向正西方向，可以清楚地看到那个布满高沙丘的地区，1907年我们就是在那里失去了长城的踪迹的。但所有的疑虑很快就消失了。我们又向北只走了约0.5英里，就发现地面上有一条虽然低矮却很清晰的鼓起部分，笔直地延伸在铺着砾石的平原上，比平原高出3~4英尺。这和我在T.XXVI 以东看到的已完全朽坏的城墙是一模一样的。在夕阳的余晖中，我想我还在砾石上看到了一条微微凹陷的古代小道，它和长城线是平行的，位于墙体以南约9码远的地方。在敦煌以西的长城线上，我曾不止一次看到过与此类似的凹陷的小道。

我们必须在天黑之前找到水，这使我们没法在长城线上作任何考察，而只好穿过光秃秃的萨依，向着疏勒河匆匆赶路。走了约1.5英里后，我们遇到了一条轮廓清晰的干涸河床，约20码宽，岸上有成行的胡杨树（大多数是活的）。7年前我从当时追踪到的敦煌长城最东段向疏勒河去时，就曾穿过了一条河床。现在这条河床的样子和走向都使我肯定，它就是7年前那条河床。过了它之后，出现了一窄条地面，那里暴露在外的土被风切割成4~5英尺高的规则的小雅丹。此后又是铺着砾石的平坦的萨依，零星地生长着一丛丛带刺的灌木，还有几棵活下来的老胡杨树。没有任何迹象告诉我们，我们已接近了那热切盼望的疏勒河，直到我们意外地发现了它深陷的河床。河床两岸是一条窄窄的芦苇丛，还有一些小胡杨树。

我们到了晚上宿营的地方。有迹象表明，时常有放牧骆驼或采集燃料的人到这里来。早晨起来时我们发现，有一条车痕向安西方向延伸而去。我们沿着它向东走了约8英里，遇到了一个约8英尺高的大垃圾堆，说明那里以前曾是人们经常歇息的地方。我们试着挖掘了一下，只挖出了一层层马粪等，至于这个歇息点是什么时候被废弃的，尚不得知。从这一点，我命人押运着行李往前走，并到河边扎营。我自己和阿弗拉兹·古尔则带着几个人，向南—南西进发，寻找长城线。在离车痕2英里的地方，我们又一次穿过了前面说的那条曲曲折折的河床。河床在这里大致是从东南延伸过来的，我们后来的观察也证实了这个走向。因此我得出了这样的结论：这条干河床可能是踏实河的延续，踏实河曾陡然折而向北，终结在平坦的疏勒河谷地之上。

在这条古河床两侧，从前的冲积物被风蚀作用切割成了雅丹地貌。这里的雅丹高只有2~3英尺。但我们后来曾在东边某一点穿过干河床边上的风蚀地带，那里的雅丹要高些，有8~10英尺。我们继续向南走，前一天傍晚穿过的那条光秃秃的砾石萨依又伸展在眼前。天气十分明朗，我们可以望到南山的那一条条山脉，一直望到石包城以南的雪山。尽管如此，我们却没有眺望到任何长城烽燧遗址。而且，由于太阳很大，直射在我们脸上，我们走到很近了，这才注意到那条笔直的墙体。

我们发现那里的墙体朽坏成了一条低矮的砾石丘，笔直得仿佛铁路线似的，大致为东西走向。在我们第一眼看见墙体的地方，墙只比光秃秃的砾石地面高4英尺，但墙脚的宽度约有32英尺。墙面上看不到柴捆或其他能使墙体加固的东西。但当我让人在墙体上切割了一下后，发现里面是松软的发红的土，和天然地面上的黄土很不同，说明墙体里曾用过植物，但植物烂掉了（也可能是被烧掉了）。显然，这里城墙的建筑质量逊于西边的长城线。

在我们看到长城线的地方东边一点儿，墙体向北呈半圆形弯了一下，那里就是烽燧 T.XXXVII.a 的位置。它已经朽坏成了一条高约6英尺的小土丘，盖着盐霜。匆匆查找后，我们没有在它附近发现古代垃圾。但检查了附近的墙体后，我观察到了一个有趣的地表现象，这种现象以前我也曾看见过几次，但都没有这么清楚。我们看到墙体形成的土丘两坡上长着比较茂密的低矮灌木，因此形成了两行平行的植被，而土丘顶上则是光秃秃的。当我站在土丘上时，可以凭着这两行植被，在很远的距离内都能看清墙体的走向。我和阿弗拉兹·古尔两人，曾分别在拜什托格拉克谷地的两个地点看见过和这完全一样的两行植被，我认为那可能是一条古代渠道的堤坝。而今天的大气条件使我们不会产生任何视觉上的错觉，在这里我又看到了这种现象。这更使我坚信先前的结论了。

向西去的长城线上看不到任何烽燧的迹象，于是我决定向东走。越往东走墙体越高，走了约0.5英里，墙体已高达约9英尺。墙面上露出一层层很典型的那种柴捆，柴捆层约3英寸厚，与约7英寸厚的土层交替出现。敦煌以西、以北的长城上用的都是紧紧地捆绑在一起的柴捆，作为加固墙体的材料。这里却只是把细灌木枝松散地放在一起，这表明建筑质量不及西边的长城。这也可以解释为什么最初就把墙体修得特别宽。原来肖尔是可以用作一种加固材料的，但出自本地的筑墙用的土和灌木中都不含肖尔，这可能也加速了朽坏的速度。在这段长城的一点上，我发现墙体仍高达12英尺，顶部附近可以分辨出5层交替出现的灌木和土。灌木层早在古代就已经暴露在外了，因为在约120码的距离内，我发现灌木层的边已烧焦了。我还在其他三处地方见过这种烧焦的现象，大概是曾有人想用火将墙体烧毁。

离 T.XXXVII.a 约1英里远，我们在墙南脚附近发现了一个大垃圾堆（编号为 b），那里原来可能有一座烽燧，但已完全坍毁了。在一大堆芦苇秸秆、牲畜粪便之中，我们找到了一枚腐烂得很厉害的木简，其大小是中国古代常用的那种尺寸；还有一根削尖了的木棍 T.XXXVII.a.01，其用途不明。再往前走了约0.5英里，墙体旁矗立着一座已成废墟的夯土筑成的烽燧 T.XXXVII.c。烽燧北侧和东侧多已坍毁，但从西侧仍可以推断出烽燧底部原来为20英尺见方。残烽燧的高度约为14英尺。烽燧东南面有个大垃圾堆。我带的这几个人没法将它全部清理出来。清理过的地方，除了牲畜粪便和木片，只发现了大量硬陶器碎片，大多数是带席纹的。

　　再向东，墙体仍有6~8英尺高，有些地方墙中的灌木层有被烧过的痕迹。我们顺着墙走了2英里，来到下一个有残迹可寻的烽燧 T.XXXVII.d。它已坍成了一堆土丘。长城墙体绕着它呈一个直径50码的半圆形，这才使我们得以确定这座废弃烽燧的位置。

　　再往前我们发现，长城线附近出现了成行低矮的雅丹。雅丹的中轴线几乎都是正东—正西走向，而墙体则为南97°东走向。沿这段墙，我们又来到了一座完全坍毁的烽燧 T.XXXVII.e。此后我们又顺着墙走了0.75英里远，直到在一行分布紧密的雅丹中（这行雅丹就位于我们前面说的那条古河床边上），我们失去了墙体的踪迹。这时候时间已经不早了，而且我们离疏勒河还很远（当晚的营地就在疏勒河边），所以我们只好放弃了搜寻工作。但在东北方向我们可以望见一座废烽燧，这告诉我们明天早晨的考察应该从哪里开始。

　　好在我们很快就找到并在天黑之前到达了 cxxv 号营地（它扎在河边很低的地方）。4月2日早晨（这个星期天是复活节），我们又往回走，来到了长城线上。我们押运着行李沿以前看到的那条车痕走，行李将顺着这条车痕被运到安西绿洲的西部边缘去。在茂密的灌木丛中走了1英里左右，我们出乎意料地来到一小块已废弃的耕地，从东边引水过来的渠道仍清晰可辨。风蚀作用尚未光顾这块土地，由此判断它被弃的时间应该不是太长。

　　我们到了前一天看到的烽燧 T.XXXVII.f。在烽燧脚下很快发现了大量汉代的那种陶器碎片，说明这是一座古烽燧。烽燧仍有

18英尺高，呈正方形的底部每边也是约18英尺长。它的建筑方法很不寻常，夯的土上有裂缝，说明烽燧的内核是天然土，而夯的土只不过是外壳罢了。显然，这座烽燧是在一块形状不规则的风蚀台地外夯了土建成的。为了使烽燧结实，在天然台地的土上凿出方形孔，把木桩钉入孔中，然后在木桩四周夯上土。木桩和其他同样起加固作用的小木片仍保留下来，但已腐烂得十分厉害，这说明这里的气候条件没有敦煌以西的长城那里干燥。在清理烽燧顶时，天然土露了出来。土是红色的，说明那里曾多次燃过烽火。T.XXXVII.f附近只发现了一个垃圾堆，是一小堆灌木（多数只是小枝权，这段长城的墙体上用的就是这种灌木），还有一些兽骨。

最开始的时候，这座烽燧的位置很令人迷惑不解。它的西南方向并没有清晰可辨的墙体把它与T.XXXVII.e那里的墙体连接起来。虽然偶尔也出现几条砾石丘，但地面上主要是分布密集的雅丹。但在烽燧北边，我发现有一行宽宽的堤坝似的砾石带，堤坝脚下约有70英尺宽，大部分地方高达15~16英尺。堤坝起于离烽燧约50码的地方，微呈弧形，向东延伸了约1英里。这和我所见过的任何长城城墙都不同，但有点像我1907年发现的宽宽的砾石堤坝。那条堤坝起于南湖，穿过光秃秃的萨依，止于敦煌河。

我无法断定这条奇怪的砾石堤坝同烽燧T.XXXVII.f的关系。起初我想，T.XXXVII.f可能只是一座建在长城线以外的烽燧，以便戍卫原来被堤坝遮住的地区。而堤坝可能是在烽燧之前建起来的，长城线则应该在烽燧南边。于是我向南—南东方向走了2英里，因为我望见了一个略微突起的地方，看起来仿佛是一座废烽燧似的。但当我们穿过被风蚀作用弄得支离破碎的地面，走近前去看时，发现它只不过是一个离干河床很近的红柳沙堆。在这附近没有发现任何长城墙体的痕迹。

经过这次探察后，我知道长城线一定还是在北边，于是我又回头朝北走。在T.XXXVII.f东—南东约1.5英里的地方，我终于发现了长城墙体。这段墙体也是由灌木层和土层构成的，与T.XXXVII.a~e之间完全一样。但奇怪的是，这里有两条几乎平行的长城线，中间隔着约90码远的风蚀地面。再向东南约0.5英里，两条线在T.XXXVII.h那里合二为一了。T.XXXVII.h这座烽燧已完全坍成了一堆，但从长城墙体弯成的半圆形以及大量陶器碎片来看，那里确曾有过一座烽燧。再往前走，两条长城线中南边的那条在T.XXXVII.f以东约1英里的地方，呈钝角连上了大砾石堤坝。而北边的那条则在那一点的东—南东方向约1英里的地方连上了堤坝，这样就把堤坝和T.XXXVII.h那里的城墙连接在了一起。

由于缺乏明确的考古学证据，要想解释为什么这段不长的奇怪城墙有两条线，我只好借助于猜想。在仔细考虑了地面状况后，我想答案可能是这样的。看起来不管堤坝的成因如何，在汉武帝把长城建到敦煌和敦煌以远地区时，这条堤坝就已经存在了。开始时新筑的城墙，即南边的那条，在T.XXXVII.f附近和堤坝连在了一起，而 T.XXXVII.f 这块天然的土台地，其位置恰好可以筑一座烽燧。过了一段时间，那些负责驻守这段城墙的人注意到，堤坝的东段没有被纳入新筑的长城体系内，实际上遮住了新墙外面的地面，使新墙驻守起来比较困难。为了纠正最初长城路线上犯的错误，人们把先前空"悬"在外面的堤坝东段，在 T.XXXVII.h 同长城线连在了一起。因此，烽燧 T.XXXVII.h 和 T.XXXVII.f 之间的长城线就相应地向北推进了一些。

不管应该作出怎样的解释，从这段双线城墙中我们都不难看出，安西两侧的长城筑得是何等马虎草率。这里的墙只是用土和松散地堆在一起的灌木筑成，而 T.XXXV 以西的敦煌长城则都用紧密的柴捆筑得很坚固。从这方面我们也能清楚地看出，这里长城的建筑质量逊于西边地区。1907 年我们考察的敦煌东北的长城段，一直到安西，几乎所有的烽燧都已完全坍毁了。之所以这样，部分原因是因为气候不那么干燥，但更主要的原因恐怕还是较差的建造质量。在缺乏文献资料的情况下，远隔了两千年之后，我们是没法猜到为什么会出现这种情况的。大概既有地形上或半是战略上的考虑，也有纯粹偶然的原因吧。

从 T.XXXVII.h 往前，我们顺着墙体走了 1.5 英里，来到了 T.XXXVII.i。可以看出，这段墙中一些地方的灌木层中夹杂了芦苇。T.XXXVII.i 已坍成了一条小土丘。但它以西约 30 码的地方，在长城线里面有一个保存较好的小屋。它有 6 英尺 3 英寸见方，坚固的残墙有 2~3 英尺高。最底下一层坯砌在天然土之中。

就在长城线外面，我发现了一个现代人烧香的地方，一条从东边来的清晰小道穿过长城线来到那里。这使我认定上述的小屋原是一座小庙，庙中仍有三个涂着灰泥的塑像底座。筑庙用的晒干的土坯是垂直放置的，和甘肃许多地区现在的做法一样。这座现代小庙的出现，可以说明当地的拜神传统有多么顽强的生命力。1907年我就曾多次观察到，这些当地拜神现象多出现在路穿过长城线的地方。路一边是长城的保护区之内，另一边用中国人的话讲就是"关外头"。

我在《西域考古图记》中已详细讨论过，在这些地点当地的拜神活动为什么延续了下来，并评论过汉代玉门关等典型例子（汉代玉门关位于今天的大道在安西以南穿越长城线的地方）。在此我只想指出一点：我在这次新考察中发现，几乎每一条可辨的路，在穿越汉长城的那一点上都有一座小庙。这种小庙要么现在仍在使用，要么刚刚废弃不久。关于T.XXXVII.i 旁边的这座小屋遗址，我还应该加上一点：它的土坯的尺寸，与我1907年在长城烽燧T.XXIX 发掘出来的庙宇遗址用的土坯是一样的。从那座庙里发现的残存雕塑看，我认为它应该不晚于唐代。

长城墙体在 T.XXXVII.i 陡然折向东北，起初墙体几乎难以分辨出来，后来又在植被比较茂密的地面上出现了。我们顺着这段墙走了1英里，来到了一处地点。那里有一条土丘，还有大量古代陶器碎片，表明那里曾是一座已完全坍毁的烽燧。这之后长城继续向东北方向伸展了1.25英里远，并到了另一座完全坍毁的烽燧 T.XXXVII.k。由于从安西垦殖区西边到达这里的水分越来越多，长城墙体两侧长着不少灌木和小红柳。但墙体有时仍有6~8英尺高。

从 T.XXXVII.k 开始，墙体向正东边的一座又大又醒目的烽燧延伸而去。我们走了1英里便到了这座烽燧。结果我们发现，它的外貌是新的，但也可能是用一座古烽燧做内核的。k 之后的墙体很奇特，似乎是由两条相隔约6英尺的窄墙构成。窄墙由土和芦苇捆筑成，窄墙之间的地方填满了松土。许多地方的松土都下陷了，形成了小洞。但整段城墙受水分的侵害太严重了，已无法进行精确的考察。新烽燧附近的地面上长着浓密的芦苇和灌木。过了这一点我们便找不到长城线了，由于靠近地下水，这段长城已经全部坍毁了。于是我们就放弃了在这里的寻找工作。令人高兴的是，我们找到了那条车痕，我们的骆驼就是顺着它往东南去的。我们沿车痕走了4英里，穿过盖着肖尔的丛林地面，就到了已扎好的营地。这个营地位于小村二工。

第二天我们又向北出发了，指望在昨天长城消失的地方以远找到它。我们走过了荒弃的田地，并沿着一块块偏远的垦殖区边上走。走了约2英里后，我们遇到了一座低矮的土丘，土丘上长着茂密的灌木。土丘似乎是朝上文最后一次提到的那座烽燧方向去的，但它只朝那个方向延伸了一小段就消失不见了。所以我决定往东走到安西去。

现在我们穿过的是一片覆盖着灌木的荒地，这片荒地把四工

图 73　安西附近长城上的烽燧 T.XXXVIII.a

和三工那些分散的村落的田地分开。1907年6月，拉姆·辛格在考察安西绿洲的西部边缘时，就曾经过这片荒地。走了约4英里后，我们到了 T.XXXVIII.a~c 这几座烽燧。据我1907年的考察结果，这几座烽燧之间的长城经过了现在的安西以南。在此我请大家注意我拍摄的照片中是长城上的烽燧 T.XXXVIII.a（图73），奇怪的是这座烽燧离一条人员来往比较多的大路很近。

这样我便完成了在敦煌定下的任务，将汉长城一直考察到疏勒河以南，填补了上一次留下的空缺。到了安西城，我又算是踏上了自己熟悉的地方，在上一次考察中，我曾两次在此做长时间停留。如今这个处在中亚交通大十字路口的吹着大风的小城，又一次成了我的临时大本营。我在到达庙里的旧客房和比较简陋的当地衙门时，都受到了热忱的欢迎，这使我很高兴。

　　同一天，拉尔·辛格也从山区过来，与我会合了。他从千佛洞出发后，沿着南山最西段的那些光秃秃的石坡走，来到了那条高山脉脚下。那条山脉将疏勒河河道同敦煌河河源所在的那座高原分开来。本来他可以通过一处关隘来到敦煌河上游的那条峡谷，但越走雪越深，他的骆驼再没法往前走了。但从地图上可以看出，他所到达的高度已经足以完成作为疏勒河盆地南墙的那座大山脉的考察了。他也澄清了1907年我们在安西以南经过的那些外缘山脉的山志学。然后他下山，经过了东巴兔这片小绿洲到踏实去，最终勘察了这条大谷地中的水在流往安西的过程中流经的地面状况，而那一地区迄今还没有人考察过。两天后，测量员穆罕默德·亚库卜也到了，我们的队伍就算集合完毕。穆罕默德·亚库卜是顺着敦煌河下来的，一直到敦煌河注入疏勒河的地方。然后他穿过疏勒河到河北岸，并一路到了安西。